Das bietet Ihnen die CD-ROM

 ## Vokabeltrainer

Lernen Sie mit dem Vokabeltrainer alle wichtigen Fachvokabeln:

- Stellen Sie Ihr individuelles Lernprogramm zusammen
- Bestimmen Sie Dauer und Umfang der Lektionen
- Überprüfen Sie Ihren Lernfortschritt

 ## Musterbriefe und Formulare

Nutzen Sie englische Muster und Vorlagen für Ihre Korrespondenz:

- Englische Musterzeugnisse
- Abmahnungsschreiben
- Beispiel-Ansprachen und Reden für Betriebsfeiern

 ## Checklisten und Übersichten

Übersichten und Checklisten für alle Bereiche der Personalarbeit geben Ihnen eine Anleitung zum Vorgehen:

- Bewerberauswahl
- Mitarbeitergespräche
- Zeugniserstellung

 ## Vokabellisten

Drucken Sie die Vokabellisten aus und bereiten Sie sich gezielt vor:

- Englische Vokabeln und Redewendungen für die Personalarbeit
- Textbausteine für die Zeugniserstellung
- Phrases: Smalltalk und Networking

Bibliographische Information Der Deutschen Nationalbibliothek

Die Deutsche Nationalbibliothek verzeichnet diese Publikation in der Deutschen Nationalbibliografie; detaillierte bibliografische Daten sind im Internet über http://dnb.ddb.de abrufbar.

ISBN 978-3-448-09767-2   Bestell-Nr. 04267-0002

© 2009, Rudolf Haufe Verlag GmbH & Co. KG
Niederlassung München
Redaktionsanschrift: Postfach, 82142 Planegg
Hausanschrift: Fraunhoferstraße 5, 82152 Planegg
Telefon: (089) 895 17-0
Telefax: (089) 895 17-290
www.haufe.de
online@haufe.de
Produktmanagement: Steffen Kurth

Redaktion und Desktop-Publishing: Peter Böke, Berlin
Umschlag: HERMANNKIENLE, Stuttgart
Druck: Bosch-Druck GmbH, Ergolding

Zur Herstellung dieses Buches wurde alterungsbeständiges Papier verwendet.

Englisch

für die Personalarbeit

Thomas Augspurger
Schimon Grossmann
Lothar Gutjahr
Daniel Schumann

2. Auflage

Haufe Mediengruppe
Freiburg · Berlin · München

Inhaltsverzeichnis

Wie arbeiten Sie mit Buch und CD?

Das Buch besteht aus 17 Hauptkapiteln. Sie bieten Ihnen von der Bewerberauswahl bis hin zur Kündigung zu allen wichtigen Tätigkeiten Anleitung sowie Hilfe und Unterstützung in der englischen Sprache. Jedes Kapitel ist unterteilt in drei Abschnitte.

Der erste Abschnitt: Überblick zum Vorgehen

Der erste Abschnitt jedes Hauptkapitels enthält eine Kurzanleitung in Form einer Checkliste. Die Checklisten sind ablauforientiert aufgebaut, so dass zu Beginn steht, was Sie als erstes tun sollten. Nutzen Sie diese Übersichten, die Sie auch auf der CD finden und von dort ausdrucken können, als Protokoll. Haken Sie ab, was erledigt ist, machen Sie hier eine Notiz, wenn Sie bestimmte Tätigkeiten delegiert haben.

Siehe CD-ROM

Der zweite Abschnitt: vocabulary, useful phrases and dialogues

Hier stehen alle wichtige Begriffe und Wörter, die Sie für diese Tätigkeit bzw. für Gespräche auf Englisch benötigen.

Siehe CD-ROM

- In den Vokabellisten finden Sie alle wichtigen Wörter. Damit bereiten Sie sich im Handumdrehen vor. Wenn Sie die Vokabeln lernen wollen, können Sie sich die Listen auch von der CD ausdrucken.
- Das Englische verwendet viele Redewendungen. Wir haben für Sie diese „Useful Phrases" aufgelistet. Nutzen Sie diese Phrases und lassen Sie damit Ihr Englisch eleganter klingen.
- Beispieldialoge zu jedem Kapitel zeigen Ihnen auf unterhaltsame Weise, wie ein Mitarbeitergespräch in englischer Sprache ablaufen könnte und wie die Redewendungen und Vokabeln eingesetzt werden können.

Der dritte Abschnitt: Konkrete Anleitung zum Vorgehen

Der dritte Abschnitt bietet Ihnen eine detaillierte Schritt-für-Schritt-Anleitung und zeigt Ihnen – mit vielen Tipps und Hintergrundinformationen – wie Sie vorgehen.

So arbeiten Sie mit der CD

Siehe CD-ROM

Auf der CD finden Sie nach den Kapiteln sortiert alle Kurzanleitungen, Vokabellisten, Vorlagen, Textbausteine und Muster. Achten Sie auf die Icons neben dem Text im Buch – diese Daten finden Sie alle auf der CD.

Drucken Sie sich die Vokabellisten und „useful phrases" aus

Sie können sich die Vokabeln, Redewendungen und Beispieldialoge direkt von der CD-ROM ausdrucken. Legen Sie sich die Ausdrucke z. B. für Telefonate als „Spickzettel" parat.

Übernehmen Sie Texte direkt in Ihre Dateien

Übernehmen Sie Textbausteine z. B. für Arbeitszeugnisse direkt von der CD.

Extra: Vokabeltrainer – Bereiten Sie sich längerfristig vor!

Siehe CD-ROM

Wenn Sie sich langfristig auf bestimmte Situationen vorbereiten wollen, können Sie mithilfe des Vokabeltrainers auf der CD die Vokabeln schnell lernen. Üben Sie in kleinen Lektionen von ca. 20 Vokabeln pro Woche. Tipps zum Lernen finden Sie ab Seite 16.

Wir wünschen Ihnen viel Erfolg mit dem Buch „Englisch für die Personalarbeit"!

Thomas Augspurger, Schimon Grossmann, Dr. Lothar Gutjahr,
und Daniel Schumann

Interkulturelle Kommunikation: Worauf Sie achten sollten

Mit der zunehmenden Internationalisierung der Geschäftsbeziehungen wächst auch die Bedeutung der interkulturellen Kompetenz. Nicht nur Top-Führungskräfte und Global Manager sind häufig im Ausland tätig, auch Mitarbeiter der mittleren Führungsschicht arbeiten mit Menschen aus anderen Kulturen zusammen. In diesem Kapitel finden Sie zahlreiche Hinweise, Beispiele und Informationen, die es Ihnen erleichtern, sich in interkulturellen Gesprächssituationen zurechtzufinden. Eine Zusammenstellung der wichtigsten kulturellen Besonderheiten der Länder England, Frankreich, USA, Japan und China rundet das Kapitel ab.

Die eigenen kulturellen Normen und Werte kennen

Für die erfolgreiche interkulturelle Kommunikation kommt es zunächst weniger darauf an, die Sprachbarriere zu überbrücken, als den eigenen kulturellen Hintergrund zu reflektieren: Die eigenen Denkmuster und Wertvorstellungen bilden einen wichtigen Orientierungsrahmen. Sie dürfen aber nicht verabsolutiert werden.

Meine Wahrheit muss nicht Deine Wahrheit sein!

> **Beispiel:**
> Beim geschäftlichen Mittagessen mit Partnern aus China beobachten Sie mit Unbehagen, wie Ihr chinesischer Kollege seine Suppe laut schlürft. Ihre Eltern haben Ihnen Tischmanieren beigebracht und gutes Benehmen ist (nicht nur) im Geschäftsleben wichtig. Aber was heißt gut? Wenn man zurückhaltend ist und hinterher das Essen lobt? Oder wenn man deutlich zeigt, wie sehr man es genießt?

Wir alle sind in einem bestimmten kulturellen Kontext mit Regeln aufgewachsen, die uns teilweise bewusst, teilweise aber auch unbewusst sind. Diese Regeln wirken sich stark auf unser Verhalten aus, einerlei, ob sie uns im Einzelnen bewusst sind: Wie wichtig ist es,

Die Sozialisation hat Auswirkung auf das Verhalten

pünktlich und gewissenhaft zu sein? Ist es in Ordnung, seinem Chef zu widersprechen, oder sogar gefordert? Die entsprechenden Verhaltensregeln sind natürlich abhängig von den handelnden Personen, aber in großem Umfang auch bestimmt durch den Kulturkreis, in dem man sozialisiert wurde. Das Wissen um kulturelle Unterschiede kann somit wesentlich zu einem besseren Verständnis beitragen.

Beispiel:

Ihr japanischer Geschäftspartner ist der Meinung, dass Ihre Firma den Auftrag schlecht abgewickelt hat. Er formuliert seine Kritik sehr zurückhaltend und indirekt. Mit Ihrem Wissen um die kulturellen Besonderheiten von Japan, wissen Sie, dass Sie diese zurückhaltende Kritik sehr ernst nehmen müssen, wenn Sie die Geschäftsbeziehungen nicht gefährden wollen.

Für die gelungene interkulturelle Kommunikation ist es wesentlich, die kulturellen Spielregeln besser zu verstehen. Dies beginnt damit, dass man die eigenen Werte identifiziert. Machen Sie sich klar, worauf es Ihnen im Geschäftsleben ankommt: Was ist für Sie im Arbeitsleben von Bedeutung? Was wäre für Sie ein unprofessionelles Verhalten?

Tipp:

Werden Sie sich den eigenen kulturellen Spielregeln bewusst. Fragen Sie sich z. B., welches Verhalten bei Ihren Mitarbeitern oder auch Chefs Sie einmal sehr geärgert hat. Welche Ihrer zentralen Werte wurden „bedroht"? Denken Sie z. B. darüber nach, ob alle Ihre Kollegen oder Chefs die gleiche Auffassung von Pünktlichkeit, Arbeitsmoral etc. haben.

Neben den eigenen kulturellen Werten ist es wesentlich, dass Sie die Normen und Verhaltensweisen Ihrer ausländischen Geschäftspartner erfahren.

Für fremde Normen und Werte offen sein

Nachdem Sie Ihre eigenen Wertvorstellungen reflektiert haben, wird es Zeit, in die Welt Ihrer ausländischen Geschäftspartner einzutauchen: Nutzen Sie Gespräche, um zu erkunden, was diesen im Geschäftsleben wichtig ist, z. B. was sie unter Professionalität verstehen.

Worüber haben sich Ihre internationalen Gesprächspartner bei Kollegen geärgert? Was erwarten Sie von einer perfekten Zusammenarbeit? Auf diese Weise werden Sie schrittweise ein besseres Gespür für kulturelle Unterschiede und die damit verbundenen unterschiedlichen Sichtweisen entwickeln. Das Verständnis des kulturellen Hintergrunds von ausländischen Kollegen wird die Zusammenarbeit wesentlich erleichtern.

Kurzübersicht zu den 5 wichtigsten Ländern, mit denen Geschäftsbeziehungen bestehen

Nichts ersetzt das persönliche Gespräch mit Geschäftspartnern aus dem Ausland. Dennoch können Informationen zu kulturellen Besonderheiten der einzelnen Länder für Ihre internationalen Geschäftsbeziehungen sehr hilfreich sein.

Im Folgenden erhalten Sie einen Überblick über Denk- und Verhaltensmuster aus den fünf wichtigsten Ländern, mit denen deutsche Manager Geschäftsbeziehungen unterhalten.

Bitte beachten Sie, dass die Aussagen generalisiert sind und sich auf diejenigen Manager und Mitarbeiter beziehen, die ausschließlich in ihrem Heimatland sozialisiert wurden. Insbesondere für die jüngere Generation der heute 25-30-Jährigen sind internationale Erfahrungen aus Praktika, Auslandsaufenthalten und dem Studium an Business Schools sehr verbreitet. In dieser Generation werden die beschriebenen Besonderheiten nicht mehr so deutlich zutage treten.

England

Das englische Denken ist eher interpretierend als rein theoretisch. Es gibt eine gewisse Abneigung gegen große Pläne und abstrakte Theoriegebäude. Sowohl in der Gesetzgebung als auch im Businessleben orientiert man sich an Präzedenzfällen und dem common sense. Zweckdienliche Lösungen haben somit eine höhere Priorität als innovative, neue Wege.

Was ist der common sense?

Für Engländer ist in der Regel Harmonie und Konsens sehr wichtig. Organigramme bilden nicht unbedingt die tatsächliche Hierarchiestruktur ab. Anweisungen werden höflich in Form von Bitten vorgebracht. Dementsprechend wird Kritik auch gerne indirekt in Andeu-

Höflichkeit geht vor

tungen und humoristischen Bemerkungen geäußert. Dies ist für einen „geradlinig" kommunizierenden (deutschen) Gesprächspartner möglicherweise gewöhnungsbedürftig.

Beispiel:

Ein Manager hat bei einem englischen Berater mehrfach darauf hingewiesen, dass dessen Tagessatz noch „angepasst" werden müsste. Bei der vierten Wiederholung antwortete dieser charmant: „We've heard you."

Meetings haben oft eine umfassende Tagesordnung. Es wird als unhöflich angesehen, wenn Teilnehmer telefonieren oder lange Texte verfassen, die nichts mit dem Meeting zu tun haben.

Für Engländer ist es wichtig, bescheiden, höflich, unterhaltsam und keinesfalls aggressiv zu wirken. Smalltalk gehört wesentlich zum Aufbau einer Vertrauensbeziehung.

Frankreich

Autoritärer Führungsstil

In Frankreich herrscht ein starker Zentralismus vor: Was Paris für das übrige Land ist, stellt die jeweilige Führungskraft für das Team dar. Der Führungsstil kann als anordnend beschrieben werden. Vorgesetzte haben zu ihren Mitarbeitern ein eher distanziertes Verhältnis. Französische Teams haben einen starken Wettbewerbscharakter und Konsens ist nicht das Hauptziel. Wenn man Meetings ohne leitende Angestellte erlebt, kann es durchaus vorkommen, dass Teilnehmer einen Gesprächspartner unterbrechen oder auch den Raum während einer Diskussion verlassen.

Franzosen lieben abstraktes Denken und begrüßen Schlussfolgerungen, die aus Theorien abgeleitet sind. Anregende Diskussionen dienen dem Kennenlernen des Anderen: Wer eine logische Argumentation aufbauen und seine These im Für und Wider verteidigen kann, gilt als vertrauenswürdig. Darüber hinaus werden Gespräche über das Essen und dessen Zubereitung geschätzt – vorzugsweise bei einer guten Mahlzeit.

USA

Das amerikanische Denken favorisiert ein optimistisches Herangehen an Schwierigkeiten. Die Suche nach pragmatischen Lösungen ohne langwierige oder tiefgründige Analysen sowie ein hoher Grad an Professionalität werden besonders geschätzt. Daneben wird das

Zeigen von Loyalität dem (aktuellen) Arbeitgeber gegenüber gefordert.

Amerikanische Manager empfinden Einwände ihres Mitarbeiters oft nicht als konstruktive Kritik sondern als Kritik an ihrer Person. Stark partizipative Prozesse können zu ungeduldigen Reaktionen führen, weil erwartet wird, dass bereits im Vorfeld die „Hausaufgaben" gemacht wurden. Präsentationen werden dementsprechend sehr ernst genommen und dienen eher dem Verteidigen der eigenen Position als dem Suchen nach Anregungen durch die Kollegen. Das führt allerdings auch dazu, dass die Inhalte häufig weniger detailfreudig dargestellt werden und immer mit einem Schuss „Entertainment" versehen sind.

Professionalität und „Drive"

Für einen Amerikaner ist es selbstverständlich, dass ein Problem nicht nur aufgezeigt, sondern zugleich ein Lösungsansatz vorgestellt wird. Die dynamische Art, mit der eigene Ziele und Unternehmensziele verfolgt werden, kann Menschen aus anderen Kulturkreisen irritieren. Amerikaner erleben ihre internationalen Kollegen dagegen manchmal als zu nachgiebig und zu wenig zielorientiert. Humor wird auch im Geschäftsleben groß geschrieben. Auch anspruchsvolle Präsentationen oder Vorträge werden in der Regel mit einem Scherz eröffnet. Smalltalk hat für Amerikaner – ebenso wir für Engländer – einen hohen Stellenwert.

Japan

Die japanische Kultur ist stark geprägt von einer hohen Gruppenloyalität. Sowohl auf nationaler Ebene als auch im Unternehmen empfinden Japaner ein großes Zugehörigkeitsgefühl. Dies drückt sich im Arbeitsleben u.a. dadurch aus, dass die eigene Gruppe unbedingt auf dem Laufenden gehalten werden muss und jede Information bei jedem ankommt. Die hieraus resultierende große Anzahl an internen Meetings und Abstimmungsrunden, können auf westliche Manager sehr befremdlich wirken. Ein japanisches Organigramm enthält deswegen auch keine individuellen Titel, sondern bezeichnet nur Arbeitsgruppen.

Never blame the own team!

Die japanische Kommunikationsform ist sehr indirekt und kann auf Europäer doppeldeutig wirken. Dies ist nicht verwunderlich, da sehr viele nonverbale Kommunikationsformen existieren: Schweigen ist in Japan ebenso bedeutungsvoll, wie der Status der Gesprächsteilnehmer. Japaner machen im Gespräch häufig zustimmende Äuße-

Ein Ja bedeutet noch keine Zustimmung

13

rungen, um zu signalisieren, dass sie den anderen verstanden haben. Dies bedeutet jedoch nicht notwendigerweise eine inhaltliche Zustimmung. Zwischen interkulturellen Gesprächspartnern entstehen deshalb häufig Missverständnisse, wenn im weiteren Gesprächsverlauf eine völlig unterschiedliche Sichtweise der Dinge kommuniziert wird.

Teammeetings verlaufen sehr harmonieorientiert, auf den Gruppenkonsens wird großen Wert gelegt. Japanische Führungskräfte stellen ungern ihren eigenen Beitrag zum Unternehmenserfolg heraus und ordnen sich eher der Gruppe unter.

Zu den wichtigen Umgangsformen gehört vor allem Höflichkeit. Das öffentliche Zeigen von starken Gefühlen, wie z. B. lautes Lachen, Zorn oder Wutausbrüche, gilt als unangebracht.

China

China ist nicht nur ein anderes Land, sondern mit seinen ca. 1,3 Milliarden Einwohnern und einer Geschichte, die Tausende von Jahren zurückreicht, eine andere Welt.

Fakten bilden die wesentliche Grundlage für Entscheidungen, die von den Führungskräften konsequent umgesetzt werden. Ausländische Wirtschaftsführer beschreiben China am Übergang von der Plan- zur Marktwirtschaft, wenngleich Beziehungen zu den Mächtigen im Lande nach wie vor als wesentlich anzusehen sind. Da China überwiegend als atheistisches Land angesehen werden kann, sind religiöse Aspekte im Geschäftsleben zu vernachlässigen.

Harmonie und Respekt sind wesentlich

Ebenso wie in Japan, gehören Harmonie und Respekt zu den Grundpfeilern der chinesischen Kultur. In der Kommunikation ist darauf zu achten, dass alle Beteiligten ihr Gesicht wahren können. Beim Verhandeln oder einfach beim geschäftlichen Miteinander kann dies natürlich zu Missverständnissen führen. So klingt eine chinesische Kritik in westlichen Ohren manchmal wie ein großes Kompliment. Es empfiehlt sich, zwischen den Zeilen zu lesen und nachzufragen, auch wenn ein Lob ausgesprochen wird. Hartnäckiges Nachfragen ist jedoch unangebracht und wird mit höflichem Ausweichen beantwortet. Grundsätzlich ist es wichtig, auf die Hierarchien Rücksicht zu nehmen. Ein Vorgesetzter, der übergangen wird, verliert sein Gesicht.

Bestimmte Verhaltensweisen, die für Europäer irritierend wirken können, wie z. B. das Spucken auf den Boden oder das Schmatzen oder sogar Rülpsen beim Essen, werden auf dem Hintergrund der maoistischen Vergangenheit verständlich: Mit „proletarischem" Verhalten machte man sich nicht verdächtig …

Visitenkarten haben in China ebenso wie in Japan einen hohen Stellenwert. Nehmen Sie die Visitenkarte mit beiden Händen entgegen und legen sie diese mit Sorgfalt in Ihre Brieftasche und nicht „respektlos" in die Jackentasche.

Als unhöflich gilt ein zu langer Augenkontakt oder ein fester Händedruck. Ebenso zu vermeiden sind Diskussionen über die politische Führung oder z. B. die Tibetfrage. Gleichermaßen würde es einen Chinesen irritieren, wenn ein Deutscher sich abfällig über seine Regierung äußert. Ein durchaus beliebtes Smalltalk-Thema dagegen ist das Gehalt. Dies wird gerne auch beim ersten Treffen erfragt.

„Und was verdienen Sie?"

15

Vokabeln lernen: schnell und sicher

Viele begegnen dem Thema „Vokabeln lernen" mit deutlicher Skepsis. Dies liegt oft an schlechten Erfahrungen aus der Schulzeit: Stures Auswendiglernen und das Abfragen von endlosen Vokabellisten, die wenig mit den eigenen Interessen zu tun haben, sorgen bis heute für viel Leid bei den Schülern.

Remember
the time ...

Dabei vergisst man, dass es einmal eine Zeit gab, in der man mühelos und spielerisch Unmengen von Vokabeln gelernt und sich nebenbei eine komplexe Grammatik angeeignet hat, nämlich die Kindheit. Dieses Kapitel möchte Sie in in diesem Sinn „verjüngen" und alte Lernmuster und -erfahrungen aus der Kindheit reaktivieren.

1. Tipp

Gewinnen Sie eine positive Einstellung zum Sprachenlernen, indem Sie Lernsituationen schaffen, die auch mit Spaß und Freizeit zu tun haben. Nutzen Sie z. B.

- Lieblingsfilme,
- Publikationen,
- Hörprogramme,
- Auslandsaufenthalte und
- englischsprachige Auszeiten.

2. Tipp

Identifizieren Sie für das Lernen wichtige Sinneskanäle und nutzen Sie diese für individuelle Eselsbrücken. Fokussieren Sie hierbei auf

- bildhafte Assoziationen (Visualisierungstechniken)
- einprägsame andere Sinneskanäle

3. Tipp

Übersetzen Sie englische Sätze und Redewendungen in deutsche, indem Sie die Ursprungsgrammatik beibehalten. So prägt sich die englische Grammatik besser ein.

Eine positive Einstellung zum Lernen gewinnen

Es gibt viele Möglichkeiten, Lernsituationen zu schaffen, die effizient sind und zugleich viel Spaß machen. Zunächst geht es darum, eine positive Einstellung zum Lernen zu gewinnen. Es gilt, negative Lernerfahrungen aus der Schule zu „überlernen" und sich an die Freude und Unbeschwertheit des kindlichen Sprachlernens zu erinnern. Versuchen Sie Lernsituationen zu schaffen, die auch mit Spaß und Freizeit zu tun haben. Die folgenden Beispiele geben Ihnen dafür Anregungen.

Lieblingsfilme

Die heutige Zeit bietet viele Möglichkeiten für ein unterhaltsames und entspanntes Lernen von Fremdsprachen: Während man früher lediglich synchronisierte Videobänder erhalten konnte, weisen heutige DVD-Filme meist mehrsprachige Tonspuren auf. Nachdem Sie einen Film in Deutsch gesehen haben, können Sie jederzeit die englischsprachige Version ansehen und sich in die Sprache hineinhören. Nach unserer Empfehlung sollten Sie sich zuerst die englischsprachige Version ansehen und anschließend die deutsche, um Ihr Verständnis zu überprüfen.

Sehen Sie Ihre Lieblingsfilme auf Englisch

Setzen Sie sich dabei aber nicht unter Druck: Erinnern Sie sich stattdessen an das kindliche Lernen und vertrauen Sie darauf, dass Sie sehr schnell Fortschritte im passiven (und auch aktiven) Sprachverständnis machen werden.

Zeitschriften

Es gibt eine Vielzahl von englischsprachigen Publikationen. Für das Sprachenlernen empfiehlen sich u. a. Zeitschriften, die eine Mischung aus originalsprachigen Fachartikeln und deutschen Übersetzungshilfen darstellen.

Nutzen Sie englische Zeitschriften

Hörprogramme und originalsprachliche Sendungen

Ein großer Teil der Arbeitszeit geht auf Reisen verloren. Laden Sie sich englische oder amerikanische Radiosendungen, Hörspiele oder Sprachkurse auf Ihren mp3-Player und nutzen Sie die täglichen Reise- und Wartezeiten zum Sprachelernen. Wichtig ist, sich in die

Warte- und Reisezeiten werden zum Sprachurlaub

17

Sprache hineinzuhören. Selbst wenn Ihre Aufmerksamkeit z. B. im Auto nicht so groß ist, werden Sie schnell Lernerfolge feststellen.

Auslandsaufenthalte

Nicht zu unterschätzen sind Auslandsaufenthalte. Eine Woche, in der Sie ausschließlich Englisch sprechen und englischsprachige Medien nutzen, hat einen unglaublichen Lerneffekt.

Teambesprechungen auf Englisch

Vereinbaren Sie Englischtermine

Vereinbaren Sie bestimmte Tage, an denen Sie im Team ausschließlich Englisch sprechen, auch wenn kein ausländisches Teammitglied anwesend ist. Diese spielerische Vereinbarung sorgt dafür, dass Sie und Ihre Kollegen bei den wichtigen internationalen Meetings sprachlich gut vorbereitet sind und sich auf die wesentlichen Inhalte konzentrieren können.

Nutzen Sie Techniken des Visualisierens

Mnemotechniken nutzen

An Bilder können wir uns in der Regel viel leichter erinnern, als an abstrakte Sachverhalte oder Zahlen. Eine Vielzahl von Erinnerungstechniken, so genannten Mnemotechniken, beweisen eindrucksvoll, dass unser Gehirn zu deutlichen Leistungssteigerungen in der Lage ist, wenn bildhaft gelernt wird.

Für das Lernen einer Fremdsprache ist es sinnvoll, die Vokabeln und Redewendungen aufzuschreiben und sie auf diese Weise zu visualisieren. Weitere Visualisierungstechniken sind:

- Vokabel- und Karteikarten
- Mindmaps
- Übersichten

Auch Redewendungen lassen sich gut visulisieren. Bilden Sie ein einprägsames Vorstellungsbild zu dem fremdsprachigen Ausdruck. Sie werden zwei Effekte feststellen: zum einen wird der Begriff tatsächlich dauerhaft erinnert, zum anderen macht diese Vorgehensweise wirklich Spaß.

Beispiel:

Im Englischen bezeichnet die Redewendung „it's red tape all the way" einen Zustand übertriebener Bürokratie. Im Deutschen sagt man „der Amtsschimmel wiehert". Wörtlich übersetzt bedeutet „red tape" „rotes Band". Dieser Begriff geht zurück auf die Verwendung von roten Farbbändern bei offiziellen Dokumenten im England des 19. Jahrhunderts. Wenn Sie sich nun einen mit Stempeln und Anträgen verzierten Amtsschimmel vorstellen, der überall mit roten Bändern behangen ist, werden Sie den Begriff dauerhaft erinnern.

Individuelle Verknüpfungen und Eselsbrücken bilden

Englische Redewendungen muten oftmals sehr blumig an und benötigen meist gar keine Übersetzung. Sie sind daher sehr einprägsam. Aber auch einzelne Begriffe lassen sich assoziativ verknüpfen. Dabei spielt es keine Rolle, wie Ihre Eselsbrücke zustande kommt und wie seltsam sie auf andere wirken mag. Wenn Sie eher auditiv orientiert sind, kann die Aussprache eines Wortes mit einem Inhalt verknüpft werden: Wenn Sie z. B. das Wort *debt* (Schulden) in der Aussprache an das Wort *dad* (Vater) erinnert – vielleicht schulden Sie Ihrem Vater ja noch etwas? – hätten Sie sich so eine originelle Eselsbrücke gebaut.

Die Tabelle zeigt weitere Beispiele:

Englischer Begriff	Deutsche Bedeutung	Mögliches Vorstellungsbild
to be full of beans	voller Tatendrang	Popeye mit einer Dose Bohnen (statt Spinat)
to give notice	kündigen	Sie überreichen Ihrem Chef eine „nette" Notiz
a flash in the pan	Strohfeuer, Einzelerfolg	eine Präsentation, die in einer Pfanne in Flammen aufgeht
a shot in the arm	Geldspritze	eine Infusion aus Geld

Grammatik und Satzaufbau verbessern

Wortwörtliche
Übersetzungen?
Sicherlich ist Ihnen bereits in der Schule aufgefallen, dass sich viele Sätze aus einer fremden Sprache nicht wörtlich übersetzen lassen. Eine fremde Sprache hat in der Regel einem anderen Satzaufbau als die deutsche Sprache. Das Englische folgt dem Aufbau *Subject-Predicate-Object*. Bei einer direkten Übersetzung des englischen Satzes ins Deutsche, wie es durchgehend in der Schule bei Vokabel-Gegenüberstellungen geschieht, wird dieser Unterschied nicht deutlich.

Nehmen wir z. B. den Satz „The works council rejected the offer of the management." Die sinngemäße deutsche Übersetzung lautet: „Der Betriebsrat lehnte das Angebot des Managements ab." Bei dieser Übersetzung in die korrekte deutsche Version geht der englische Sprachaufbau leider verloren. Um sich besser in die englische Sprache und ihren Aufbau einfühlen zu können, ist es empfehlenswert, die deutsche Übersetzung in englischem Sprachaufbau darzustellen. Der Satz, den Sie als Merkhilfe notieren können, heißt dann in etwa so:

„Der Betriebsrat ablehnte das Angebot von dem Management."

Auch wenn es sich seltsam liest: Sie bekommen durch diese wörtliche Übertragung des englischen Satzbaus schnell das Sprachgefühl für den richtigen englischen Sprachaufbau und vermeiden so Grammatikfehler. Auch die Verwendung von Präpositionen kann auf diese Weise trainiert werden: „We meet *in the* morning" übersetzen Sie wörtlich: „Wir treffen *in dem* Morgen". So werden Sie nicht vergessen, dass die richtige englische Präposition nicht *am*, sondern *in* lautet.

Es zeigt sich, dass neben dem schulischen Zugang zum Sprachenlernen noch viele andere Methoden existieren, wie man spielerisch lernen kann. Folgen Sie Ihrem Spieltrieb, um Fremdsprachen zu lernen.

False Friends: Typische Vokabelfehler vermeiden

In der folgenden Übersicht sind „typisch deutsche" Vokabelfehler, so genannte *False Friends*, zusammengestellt.

Siehe CD-ROM

Der deutsche Begriff	Die falsche englische Übersetzung	Die korrekte englische Übersetzung
aktuell	actual(ly) = eigentlich, wirklich	current, topical, up-to-date
ausfüllen	to fulfill = erfüllen	to fill out
Beamer	Beamer = BMW car	LCD/digital projector
bekommen	to become = werden	to get, receive
Billion	billion = Milliarde	trillion
Branche	branch = Filiale	industry, sector
brav	brave = tapfer, mutig	good, well-behaved
breit	bright = hell	broad, wide
Briefkasten	briefcase = Aktentasche, Mappe	mailbox
Chef	chef = Küchenchef chief = Häuptling	boss
City	city = Stadt	downtown, city center
Direktion	direction = Richtung	board of management
Doktor	doctor = Arzt	Promovierte werden sehr selten mit dem Dr.-Titel angeredet
Etikett	etiquette = Etikette	label
eventuell	eventual(ly) = endlich, schließlich	maybe, perhaps, possibly
Fabrik	fabric = Stoff, Gewebe	factory, plant
faul	foul = schlecht, gemein	lazy
fleißig	fluent = fließend	diligent, hardworking
freisetzen	to set free = freilassen	to make redundant
Freundin	girlfriend = gilt nur für eine romantische Beziehung!	friend
Handy	handy = nützlich, praktisch	cellular/mobile phone
Hochschule	high school = Oberschule	college, university
Kasino	casino = Spielbank, -salon	canteen, cafeteria
Kaution	caution = Vorsicht	deposit, key money
komisch	comic(al) = lustig	strange, weird
kontrollieren	to control = regeln, steuern	to check, inspect
kurios	curious = neugierig	odd
Labor	labor = Arbeit	lab(oratory)

21

Der deutsche Begriff	Die falsche englische Übersetzung	Die korrekte englische Übersetzung
lustig	fun = Spaß	funny
Mappe	map = Karte	binder, folder
Marke	mark = Zeichen	brand, make
Maschine (Flugzeug)	machine = Apparat, Gerät	(air)plane
Meinung	meaning = Bedeutung	opinion
Mobbing	mobbing = anpöbelnd, belagernd	bullying, harassment
Note (Zensur)	note = Notiz	grade
Paragraf	paragraph = Absatz	article
Pension	pension = Rente	boarding house, guesthouse
Personal	personal = persönlich	personnel
Pickel	pickle = Essiggurke	pimple, zit
Pony	ponytail = Pferdeschwanz	bangs
Präservativ	preservative = Konservierungsmittel	condom
Preis	price = Preis	prize
Promotion	promotion = Beförderung	conferral of a doctorate
Provision	provision = Vorsorge	commission, fee
Quote	quote = Zitat	proportion, quota, rate
Rente	rent = Miete	annuity, pension
Schüler	scholar = Gelehrte/r	student
schütteln	to shuttle = pendeln	to rock, shake
selbstbewusst	self-conscious = befangen, gehemmt	self-assured, self-confident
Seite (Buch)	side = Seite	page
sensibel	sensible = vernünftig	sensitive
spenden	to spend = ausgeben, verbringen	to donate, contribute
still	still = gleichwohl	quiet, silent
sympathisch	sympathetic = mitfühlend	amiable, congenial, likeable
Termin	to date = mit jdm. ausgehen	appointment
übersehen	to oversee = überwachen, beaufsichtigen	to overlook
wollen	will = werden (Hilfsverb im Tempus Futur)	to want, wish

1 Bewerber auswählen am Telefon

Sie erfahren in diesem Kapitel, wie Sie in einem telefonischen Bewerbergespräch

- neben den üblichen Bewerbungsunterlagen zusätzliche Informationen zum Werdegang des Kandidaten erhalten,
- Schlüsselqualifikationen und Soft Skills des Bewerbers in Erfahrung bringen und
- die Rahmenbedingungen und Konditionen der zu besetzenden Position mit den Vorstellungen des Bewerbers abgleichen.

1.1 Überblick zum Vorgehen

Die folgende Übersicht zeigt Ihnen, wie Sie bei der telefonischen Bewerberauswahl vorgehen. Weitere Informationen und Tipps für das telefonische Auswahlgespräch finden Sie nach dem englischen Teil in Kapitel 1.3.

1. Zusätzliche Informationen zum Werdegang des Bewerbers gewinnen (siehe auch Kapitel 1.3.1)	
Bei Lücken und fehlenden Informationen in den Bewerbungsunterlagen gezielt nachfragen	
Weiterführende Fragen stellen (z. B. zu einzelnen Stationen des Lebenslaufs)	
Nach Hintergründen fragen (z. B. bei Auslandsaufenthalten oder Noten)	
2. Schlüsselqualifikationen prüfen (siehe auch Kapitel 1.3.2)	
Erfüllt der Bewerber grundlegende Anforderungen der Stelle? (z. B. Fachkenntnisse, Programmiersprachen, Fremdsprachen)	
Prüfen der notwendigen (fachlichen) Voraussetzungen für die Stelle	

Siehe CD-ROM

3. Stellenmerkmale mit den Vorstellungen des Bewerbers abgleichen (siehe auch Kapitel 1.3.3)	
Prüfen, ob sich die Vorstellungen des Bewerbers mit den Stellenmerkmalen decken	
Prüfen, inwieweit abweichende Positionen vereinbar sind	
4. Soft Skills des Kandidaten prüfen (siehe auch Kapitel 1.3.4)	
Biographiebezogene Fragen	
Fragen nach Erfahrungen des Bewerbers, in denen er bestimmte Fähigkeiten unter Beweis gestellt hat (z. B. Budgetverantwortung)	
Situative Fragen	
(Fiktive) Situation beschreiben und den Bewerber fragen, wie er sich verhalten würde	
Während des Telefoninterviews	
Protokollieren der Antworten des Bewerbers in Stichworten	
Bewerten der Aussagen des Bewerbers	

1.2   Vocabulary, useful phrases and dialogues

In Kapitel 1.2 finden Sie Arbeitshilfen in englischer Sprache für die sprachliche Vorbereitung des Telefoninterviews:

- eine Liste mit englischen Vokabeln, die Sie für ein Telefoninterview benötigen
- eine Auswahl von typischen englischen Redewendungen („useful phrases")
- zwei Beispieldialoge in englischer Sprache

Siehe CD-ROM

Neben diesen Arbeitshilfen enthält die CD-ROM noch zahlreiche weitere Textbausteine und Formulierungshilfen für ein Telefongespräch in englischer Sprache.

Siehe CD-ROM

Die wichtigsten Vokabeln zu Kapitel 1	
abtreten, zurücktreten	to step down
Arbeitsperiode	stint
Bestätigung	confirmation
Bewerbungsunterlagen	job application documents/papers
bewerten	to assess, evaluate
Durchsicht	perusal
entscheidend, wichtig	crucial
formell	formal, buttoned-up, stuffy
Führungsqualitäten	leadership skills/competencies
fundiertes bzw. oberflächliches Wissen	thorough/sound vs. superficial knowledge
genau festlegen	to pinpoint
Gesamteindruck	overall impression
Glaubwürdigkeit	credibility
Glückstreffer	fluke
herumführen	to show around
in Kontakt treten/Beziehungen pflegen/plaudern	to make contacts, network, rub elbows/shoulders, schmooze
Lücken schließen	to bridge/close/plug the gaps
lückenlos	seamless
Mindestanforderung	minimum requirement
mit Fakten untermauern	to corroborate
Mittel zuweisen	to allocate resources
mündliche Fähigkeiten	oral skills
persönlich/unter vier Augen treffen	to meet face-to-face/person-to-person/in private/in person
praktische Erfahrung	hands-on experience
Ressourcenaufwand	allocation/apportionment of resources
risikofreudig/risikobereit	risk-taker
risikoscheu	risk-averse

25

sich umsehen	to look around
Stellenbedingungen	work conditions
Überblick	overview
übervorteilen	to shortchange
un/wesentlich	in/substantial
unentschlossen sein	to remain undecided
Voraussetzungen erfüllen	to meet the prerequisites
zum Nachdenken anregend	thought-provoking, stimulating
zusammensetzen	to piece together
zwanglos	casual, off-hand, unbuttoned

Siehe CD-ROM

useful phrases – Redewendungen zu Kapitel 1	
handpicking/cherry-picking candidates on the phone	Bewerber am Telefon auswählen
to be at a crossroads	am Scheideweg stehen
to chew the fat, to shoot the breeze/bull, chat idly	einfach so daherreden, schwätzen
to get hot under the collar/worked out/someone's panties in a bunch, almost burst a blood vessel, fly into a rage/off the handle, go ballistic/postal, hit the ceiling/roof, lose your temper, have a conniption fit, drive someone up the wall, to breathe fire and brimstone, vent your spleen on, go off the deep end	wütend werden, die Beherrschung verlieren, ausrasten, aus der Haut fahren, Gift und Galle spucken
to get the picture	sich ein Bild machen
to go up/climb the corporate ladder, rise from/through the ranks	die Karriereleiter hinaufsteigen
to hit the mark/bull's-eye	einen Volltreffer erzielen/landen, ins Schwarze treffen

to leave a fleeting/good/bad impression	einen flüchtigen/guten/schlechten Eindruck hinterlassen
to not sweat something/lose any sleep over s/t, take s/t in stride/easy	locker mit etwas umgehen
to ply with questions, to give the third degree, to grill	jmd. ins Kreuzverhör nehmen
to speak off the cuff, extemporize	aus dem Stegreif sprechen
to take at face value	für bare Münze nehmen

Die folgenden zwei Beipieldialoge vermitteln Ihnen einen lebendigen Eindruck, wie ein englischsprachiges Telefoninterview ablaufen könnte. Der erste Dialog gibt ein Negativ-Beispiel, was in dem Gespräch typischerweise schief gehen könnte. Der zweite Dialog zeigt einen gelungenen Gesprächsverlauf. Wenn Ihnen Ausdrücke aus dem Beispiel unbekannt sind, schauen Sie einfach in der Vokabelliste nach.

Beispieldialog: Wenn es schief läuft …

Frederick Shockley (applicant): Would you mind telling me what position I applied for?

Regina Breuer (HR specialist): Excuse me?!

Frederick: You needn't get hot under the collar; I've had quite a few job interviews lately …

Regina: To refresh your memory, we met in person two weeks ago and I showed you around our company headquarters.

Frederick: Oh, I'm so sorry I didn't recognize your voice, Regina. So, you must be calling to offer me the job.

Regina: Not quite yet, I'm afraid. Going back to the job interview we had: remember I asked you about the Standard Operating Procedures you were familiar with?

Frederick: Yeah, so?

Regina: Well, when we were touring the shop floor, I noticed that you looked puzzled by some of the explanations our line manager provided.

Frederick: So? Why do you keep plying me with questions about...

Regina: Your resume states that you possess, and I quote, "a superb knowledge of SOPs."

Frederick: Look, Regina, you needn't sweat the small stuff. I must have been tired after the long ride to your factory. Trust me, you can take whatever is in my resume at face value.

Regina: I see... It was interesting talking to you, Mr. Shockley. We will keep you posted about your job prospects with us.

Beispieldialog: So machen Sie es richtig ...

Regina Breuer (HR specialist): I wanted to ask you about the beginning of 2003. It isn't mentioned in your resume where you were or what you were doing at that time.

Elvira Sokol (applicant): Oh, I didn't feel it was important to mention that. I went on a short trip to Aruba, where I met this guy, and decided to stay there a bit longer.

Regina: That's alright, I didn't intend to pry into your privacy. Could you tell me more about your work with General Tectronics?

Elvira: Well, as you can see in my resume, I was responsible for coordinating our overseas Points Of Sale. The crunch came when I was at a crossroads, having to choose between family and career. As a result, I had to step down after half a year because both my husband and I decided in favor of having a family.

Regina: OK, you've just answered my next question, why did you leave GT after such a short stint. I guess it wasn't easy to land that job.

Elvira: Quite so, to be honest. It was just a fluke. On one of my business trips from Oranjestad to New York, Norbert Pounds from GT happened to be my seatmate. We were chewing the fat when he brought up his urgent need for someone to take charge of overseas POS.

Regina: Quite a story you've got there! You strike me as someone who possesses highly developed networking skills.

Elvira: I would just call it 'demand and offer.'

Regina: That would be an understatement, Mrs. Sokol; not everyone can attract Pounds' attention. That'll be all. Thank you so much for your time.

Elvira: It was my pleasure. Thank you for considering me for this position.

1.3 Konkrete Anleitung zum Vorgehen

Einen ersten Eindruck von den Kandidaten, die sich auf eine Stelle beworben haben, gewinnen Sie aus den schriftlichen Bewerbungsunterlagen. Anhand dieser Informationen unterscheiden Sie zwischen potentiell geeignete und nicht geeignete Kandidaten.

Nun stellt sich die Frage, welche Kandidaten in die engere Auswahl kommen und eine Einladung zu einem persönlichen Vorstellungsgespräch erhalten sollen. Ein solcher Auswahltermin ist mit erheblichem Ressourcenaufwand und mit Kosten für das rekrutierende Unternehmen verbunden: So müssen sich die Interviewer ausreichend Zeit freihalten, dem Bewerber sind Reisekosten zu erstatten etc. Deswegen ist es sinnvoll, möglichst viele Eventualitäten, die gegen eine Einstellung sprechen, von vornherein auszuschließen.

Effizienz im Auswahlprozess erhöhen

Die Bewerbungsunterlagen liefern häufig keine ausreichende Informationsgrundlage. Nutzen Sie das Telefoninterview daher um

- zusätzliche Informationen zum Werdegang des Kandidaten zu erhalten (z. B. um Lücken im Lebenslauf zu schließen),
- eine erste Prüfung zentraler Qualifikationen vorzunehmen (z. B. um Fremdsprachenkenntnisse oder EDV-Wissen zu testen),
- einen Abgleich der Rahmenbedingungen und Konditionen der zu besetzenden Position mit den Wünschen und Vorstellungen des Bewerbers vorzunehmen (z. B. um zu eruieren, ob die Vorstellungen von „Mobilität" seitens des Unternehmens sich auch mit denen des Kandidaten decken,
- gegebenenfalls. einen ersten Eindruck der Soft Skills des Kandidaten zu erhalten (z. B. um Kompetenzen wie Verantwortungsübernahme oder Führungsverhalten zu prüfen).

Darüber hinaus vermittelt Ihnen das Telefongespräch einen allgemeinen Eindruck vom Kommunikationsverhalten des Bewerbers, insbesondere die Kompetenzen *sprachliche Ausdrucksfähigkeit* und *Argumentationsfähigkeit* lassen sich anhand eines Telefoninterviews gut beurteilen.

1.3.1 Zusätzliche Informationen zum Werdegang des Bewerbers gewinnen

Das Bild ver-
vollständigen

Um einen fundierten Überblick über die Qualifikation eines Kandidaten zu erhalten und eine optimale Vergleichbarkeit verschiedener Bewerber für eine Stelle zu ermöglichen, sollten die schriftlichen Bewerbungsunterlagen möglichst vollständig sein, d. h.

- eine in der zeitlichen Abfolge lückenlose Darstellung des bisherigen Werdegangs beinhalten,
- alle inhaltlich relevanten Bereiche abdecken: Schulabschluss, Ausbildung und/oder akademischer Werdegang, Praktika und Berufserfahrung, Sprach- und EDV-Kenntnisse, Zusatzqualifikationen, besondere Auszeichnungen, Engagement (z. B. im politischen oder sozialen Bereich),
- die wesentlichen Abschnitte und Stationen mit entsprechenden Dokumenten belegen (Zeugnisse, Zertifikate, Referenzen, etc.)

Das Telefoninterview gibt Ihnen die Möglichkeit, den Bewerber gezielt nach fehlenden Informationen zu fragen.

Beispiel:

Häufig finden sich zwischen einzelnen Stationen längere Abschnitte, die nicht belegt sind – die berühmten Lücken im Lebenslauf. Im Telefoninterview kann herausgefunden werden, ob der Kandidat für diese Lücken plausible Erklärungen hat.

Darüber hinaus ergeben sich aus der Durchsicht der Bewerbungsunterlagen häufig weiterführende Fragen zu einzelnen Stationen des Werdegangs. Nutzen Sie das Telefoninterview, um einen umfassenderen Eindruck von der Eignung des Bewerbers zu gewinnen.

Beispiel:

Die Verhaltensbeurteilung in einem Arbeitszeugnis des Kandidaten ist nur „befriedigend" ausgefallen. Im Telefoninterview können Sie den Bewerber gezielt zu den Hintergründen befragen.

> **Tipp:**
>
> Legen Sie eine Checkliste zu den wesentlichen Informationen aus den Bewerbungsunterlagen an. So können Sie die Daten schnell auf Vollständigkeit prüfen und vermerken, zu welchen Inhalten Sie gegebenenfalls weiterführenden Fragen haben. Anhand der Checkliste lässt sich das Telefoninterview effizient vorbereiten und strukturieren.

1.3.2 Schlüsselqualifikationen prüfen

Für jede Position im Unternehmen gibt es bestimmte grundlegende Anforderungen, die ein Kandidat unbedingt erfüllen sollte. In diesem Zusammenhang spricht man auch von „K.o.-Kriterien". Typische Beispiele sind das Beherrschen von Fremdsprachen (bzw. bei ausländischen Bewerbern auch das Beherrschen der Unternehmenssprache) oder besondere Fachkenntnisse wie der sichere Umgang mit Programmiersprachen. Für Führungsaufgaben werden auch häufig einschlägige Erfahrungen im Bereich Personal- und Budgetverantwortung vorausgesetzt.

K.o.-Kriterien prüfen

Häufig lassen sich aus den Bewerbungsunterlagen nur ungenaue Aussagen über diese Qualifikationen ableiten. Im Telefoninterview kann geklärt werden, ob ein Bewerber die nötigen Einstiegsvoraussetzungen mitbringt.

> **Beispiel:**
>
> Für die Position eines Vertriebsleiters in einem international tätigen Unternehmen werden „verhandlungssichere" Englischkenntnisse vorausgesetzt. Es ist für diese Stelle nicht ausreichend, eine Konversation auf Englisch mit etwas Smalltalk bestreiten zu können. Vielmehr ist hier ein differenziertes Sprachgefühl gefragt. Ein Kandidat hat in seinen Unterlagen „fließende" Englischkenntnisse angegeben. Im Telefoninterview kann durch gezieltes Hinterfragen und eine kurze Gesprächssimulation herausgefunden werden, ob die Englischkenntnisse ausreichend sind.

> **Beispiel:**
>
> Für die Stelle eines IT-Experten werden fundierte Kenntnisse von bestimmten SAP-Modulen erwartet. Durch die Frage, bei welchen Aufgaben und Projekten ein Kandidat bereits mit den geforderten SAP-Modulen gearbeitet hat und welche Ergebnisse er dabei erzielt hat, lässt sich ermitteln, ob der Kandidat die Anforderungen erfüllt.

1

1.3.3 Stellenmerkmale mit den Vorstellungen des Bewerbers abgleichen

Unternehmen und Kandidat suchen sich gegenseitig aus

Die Personalrekrutierung ist ein zweiseitiger Prozess. Einerseits sucht das rekrutierende Unternehmen möglichst gut qualifizierte Kandidaten. Andererseits hat auch jeder Kandidat bestimmte Vorstellungen zu den Rahmenbedingungen seines zukünftigen Arbeitsplatzes. Im Telefoninterview bietet sich die Möglichkeit zu prüfen, ob die Stellenmerkmale den Vorstellungen des Bewerbers entsprechen. Es sind viele Rahmenbedingungen denkbar, die für den Bewerber relevant sein können und daher schon im Telefoninterview angesprochen werden sollten: Befristung des Arbeitsvertrags, Arbeitszeiten, Reisetätigkeit, Auslandsaufenthalte, Aufstiegsmöglichkeiten, Weiterbildungen etc. Auch ein erster Abgleich der Gehaltsvorstellung des Bewerbers mit Art und Höhe der Vergütung sowie Zusatz- und Sozialleistungen kann bereits am Telefon sinnvoll sein.

Beispiel:

Unter dem Stichwort „Mobilität" kann z. B. eine gelegentliche Reisetätigkeit im Inland oder die Notwendigkeit einer regelmäßigen Verlegung des Wohnorts, auch ins Ausland, verstanden werden. Je nach persönlicher Situation des Kandidaten kann die Anforderung hinsichtlich der Mobilität ein ausschlaggebendes Kriterium für die Entscheidung sein, ob die Bewerbung aufrechterhalten oder zurückgezogen wird.

Fragen Sie den Bewerber am Telefon allgemein, welche Rahmenbedingungen für ihn wichtig sind und unter welchen Umständen er sich nicht vorstellen könnte, eine Stelle anzutreten. Auf diese Weise erhalten Sie erste Anhaltspunkte und können dann gezielt einzelne Punkte mit dem Bewerber durchsprechen. Wenn die Vorstellungen des Kandidaten von der Arbeitsrealität abweichen, lässt sich prüfen, inwieweit die beiden Positionen überhaupt vereinbar sind.

Beispiel:

„Einmal angenommen, Sie hätten die ideale Stelle für sich gefunden – wie sähen die entsprechenden Rahmenbedingungen aus?"

„Angenommen, Ihnen liegt ein Angebot für eine Stelle vor – unter welchen Umständen würden Sie es auf keinen Fall annehmen?"

1.3.4 Soft Skills des Bewerbers prüfen

Neben dem formalen Abgleich der Stellenanforderungen mit den Qualifikationen und Vorstellungen des Bewerbers kann das Telefoninterview auch genutzt werden, um einen ersten Eindruck von bestimmten überfachlichen Fähigkeiten eines Kandidaten zu erhalten. In einem Telefoninterview müssen Sie sich auf wenige ausgewählte Bereiche konzentrieren, die Sie für die Besetzung der Stelle als besonders relevant erachten. Einen umfassenden und detaillierten Eindruck vom Skillprofil eines Kandidaten erhalten Sie im eigentlichen Vorstellungsgespräch (vgl. Kapitel 2 „Vorstellungsgespräch durchführen"). *(Randnotiz: Überfachliche Fähigkeiten)*

Um Soft Skills zu prüfen, bieten sich zwei Typen von Fragen an:

*   **Biographiebezogene Fragen** beziehen sich auf Ereignisse aus dem bisherigen Werdegang des Kandidaten, bei denen er bestimmte Fähigkeiten unter Beweis gestellt hat.
*   **Situative Fragen** konfrontieren den Kandidaten mit einer imaginären Situation, in der eine bestimmte Fähigkeit unter Beweis gestellt werden kann.

Beide Fragetypen können verwendet werden, um zu prüfen, wie ein Kandidat mit erfolgskritischen Situationen umgeht, die er bereits erlebt hat bzw. mit denen er in seiner Tätigkeit zu tun haben wird.

Beispiel:
Biographiebezogene Frage zum Merkmal „Verantwortungsübernahme":

*   „Nennen Sie bitte Beispiele für Situationen, in denen Sie schon einmal Verantwortung übernommen haben. Wie sind Sie damit jeweils umgegangen?"

Situative Frage zum Merkmal „Führungsverhalten":

*   „Die Leistung eines Mitarbeiters in Ihrem Team hat deutlich nachgelassen. Die Kollegen haben dadurch einen erhöhten Arbeitsaufwand und haben sich bereits bei Ihnen beschwert. Wie gehen Sie mit der Situation um?"

Während des Telefoninterviews sollten Sie die Antworten des Kandidaten in Stichworten notieren und die Inhalte mit einer einfachen Ratingskala bewerten. Dafür bilden sie z. B. drei Kategorien, die folgendermaßen definiert sein können: *(Randnotiz: Bewertung während des Interviews)*

- Relevantes Beispiel/überzeugende Antwort
- Mäßig relevantes Beispiel/teilweise überzeugende Antwort
- Irrelevantes Beispiel/wenig überzeugende Antwort

Diese Kurzbewertung erleichtert Ihnen die Entscheidung, welchen Kandidaten Sie zu einem Vorstellungsgespräch einladen.

Achtung:

Auch wenn es praktisch erscheint und Ihnen die Arbeit erleichtert: es ist illegal, ein Telefonat ohne Einverständnis des Gesprächspartners aufzuzeichnen.

2 Vorstellungsgespräche durchführen

Sie erfahren in diesem Kapitel,
- wie Sie Vorstellungsgespräche systematisch vorbereiten,
- durchführen und einen verbindlichen Gesprächsabschluss finden sowie
- welche rechtlichen Aspekte Sie bei Vorstellungsgesprächen berücksichtigen müssen.

2.1 Überblick zum Vorgehen

Die folgende Übersicht zeigt Ihnen, wie Sie ein Vorstellungsgespräch vorbereiten und durchführen. Weiterführende Informationen und Tipps finden Sie nach dem englischen Teil in Kapitel 2.3.

Vorbereitung des Vorstellungsgesprächs (siehe auch Kapitel 2.3.1)	
Anforderungsprofil für die zu besetzende Stelle entwerfen (Skillprofil)	
Beurteilungskriterien für den Bewerber festlegen	
Informationen über den Bewerber auswerten. Welche Informationen fehlen?	
Fragen an den Bewerber vorbereiten	
Gesprächsablauf (siehe auch Kapitel 2.3.2)	
Gesprächseinstieg	
Für angenehme Gesprächsatmosphäre sorgen (Warm-up, Smalltalk)	
Eröffnungsfragen mit freien Gesprächsanteilen	
Gesprächsbeginn offen gestalten (freie Gesprächsanteile auf beiden Seiten)	
Beispiel: Bewerber soll die wesentlichen Stationen seines bisherigen Werdegangs zusammenfassen.	

Siehe CD-ROM

Beispiel: Bewerber soll seine Hauptmotivation für die Bewerbung bei Ihrem Unternehmen darstellen.	
Beispiel: Bewerber soll darstellen, was er bisher über Ihr Unternehmen und die zu besetzende Stelle in Erfahrung gebracht hat.	
Anschließend: Unternehmen kurz vorstellen	
Informationen zur ausgeschriebenen Stelle geben	
Situative und biographiebezogene Fragen	
Eindruck von den Kompetenzen des Bewerbers gewinnen	
Relevante Themenbereiche abarbeiten	
Skillprofil des Kandidaten mit den Anforderungen der Stelle vergleichen	
Rahmenbedingungen Rahmenbedingungen der Position klären („harte Fakten" wie z. B. Gehaltsrahmen, Sozialleistungen etc.)	
Gesprächsabschluss (siehe auch Kapitel 2.3.2)	
Signalisieren, bis wann mit einer Entscheidung Ihrerseits zu rechnen ist	
In Erfahrung bringen, ob der Kandidat unter Entscheidungsdruck steht	
Dem Bewerber mitteilen, wie er Sie am besten erreichen kann	
Den Bewerber freundlich und verbindlich verabschieden	

2.2   Vocabulary, useful phrases and dialogues

In Kapitel 2.2 finden Sie Arbeitshilfen in englischer Sprache für die sprachliche Vorbereitung Ihrer Bewerbergespräche:

- eine Liste mit englischen Vokabeln, die Sie in einem Vorstellungsgespräch benötigen
- eine Auswahl von typischen englischen Redewendungen („useful phrases")
- zwei Beispieldialoge in englischer Sprache

Siehe CD-ROM

Die wichtigsten Vokabeln zu Kapitel 2	
Anschreiben	cover letter
Arbeitsplatzteilung	job sharing
Arbeitssuche	job hunting
Aushilfskraft, Leiharbeiter, Teilzeitbeschäftigter, Zeitarbeiter	casual/part-time/temp(-orary) employee/contractor
Bewerber	applicant, candidate
Dankesschreiben	thank-you letter
(kreative) Denk- und Lösungsstrategien	resourcefulness
Eignung	suitability
einen Gang herunterschalten	to downshift
Einkommen	income, revenue
einstellen, beauftragen	to employ
entsprechend	commensurate
Fabrikarbeiter, Fachpersonal und Büroangestellter	blue-, gray- and white-collar employees
Fähigkeiten	abilities, capabilities, competencies, skills
Firma, Gesellschaft	company, firm
Fluktuationsrate, Arbeitskräfteabgang, Schwundquote	attrition rate, labor turnover
Gehalt	salary

Gruppeninterview	panel interview
gute/schlechte Passung	perfect/poor match/fit
Höflichkeiten austauschen	to exchange civilities/courtesies/ niceties/pleasantries/ polite preliminaries
Kleiderordnung	dress code
Laufbahn, Werdegang, die Erfolgs- und Erfahrungsgeschichte	career, track record
Lohn	wage
Mitarbeiterbindung	employee retention
personell überbesetzt	overstaffed (overmanned)
praktische Fertigkeiten, Köpfchen	savvy
Privatsphäre	privacy
rechtliche Aspekte	legal aspects
Selbstvorstellung	self-description
Stellenangebot	vacancy, opening, post
Stellenanzeige	classified ad(-vertisement)
Stellvertreter	deputy, fill-in, proxy, replacement, representative, stand-in, substitute, understudy
Termin	appointment
übertragbare Fähigkeiten	transferable skills
verabschieden	to take leave, say goodbye, bid farewell
Vergütung	compensation, remuneration
Vertragsbedingungen	terms of contract
Vertriebspersonal	marketing/sales personnel
Visitenkarte	business card
Wendepunkt	tipping/turning point
wiederholter Stellenwechsel	job hopping

Siehe CD-ROM

useful phrases – Redewendungen zu Kapitel 2	
for the life of someone	selbst wenn jdm. Leben davon abhängt
to be behind closed doors/ drawn curtains, under the table	hinter verschlossenen Türen
to be grist for someone's mill	Wasser auf seine Mühlen
to be music to someone's ears	Musik in den Ohren sein
to be on the lookout for	nach etwas Ausschau halten
to bite off more than you can chew	sich übernehmen
to call it quits	aufhören
to do something at the drop of a hat, right off the bat	etwas blitzschnell machen
to keep a low profile, keep/remain/stay in the background/take a back seat	sich bescheiden zurückhalten, nicht auffallen, in den Hintergrund treten
to lay the basis/foundations for	den Grundstein legen
to lead the field/pack	führend sein
to make ends meet	über die Runden kommen
to push the envelope	an das Limit gehen/bis an die Grenze gehen
to set foot in	eintreten
to get a foot in the door	einen Fuß in der Tür haben
to be up to the challenge	der Herausforderung gewachsen sein
to be a millstone around your neck	ein Klotz am Bein sein
to push your luck	hoch pokern, sein Glück herausfordern
to come to grips with, cope/deal with, handle, manage	klarkommen
to tip the scales	den Ausschlag geben
to throw so. out of kilter/whack	jdn. aus dem Lot bringen

Die folgenden Dialoge sind Ausschnitte aus zwei Vorstellungsgesprächen. Der erste Dialog gibt ein Negativ-Beispiel, was in dem Vorstellungsgespräch typischerweise schief gehen könnte. Der zweite Dialog zeigt einen gelungenen Gesprächsverlauf. Wenn Ihnen Ausdrücke unbekannt sind, schlagen Sie einfach in der Vokabelliste nach.

Beispieldialog: Wenn es schief läuft ...

Regina Breuer (HR specialist): Could you tell us what do you already know about the job you applied for?

Frederick Shockley (applicant): Correct me if I'm wrong – the title in the job ad read "Wanted: Seasoned Sales Manager." Well, here I am!

Abigail Baudouin (exiting sales manager): It's true that the experience specified in your resume did attract our attention. Tell us more about your stint with General Tectronics.

Frederick: Oh, that part ... Err ... I rather not hark back to my stay with GT ...

Regina: Why's that?

Frederick: That was the most stressful time of my life ... I couldn't have possibly continued my work there for the life of me, as it marked the onset of some serious health problems. I lost weight, started smoking, took to alcohol, suffered from acute insomnia and bouts of depression, and even verbally abused my underlings. To make a long story short, I realized that I was totally and utterly washed-up and that it was time to call it quits and abandon ship. To make ends meet I had to eke out a living with odd jobs.

Abigail: It seems like you were trying to bite off more than you could chew. We were wondering why you had left General Tectronics in such haste. It's not every day that you can set foot in such a prestigious company as GT. You are aware of it, however, that as much as we aren't leading the field as GT does, you might well be expected to push the envelope to the limit with us. How were you planning to come to grips with another position that can throw you out of kilter?

Frederick: Hmm ... To tell you the truth, I was really reckoning on some clerical job at your company.

Regina: Mr. Shockley, we aren't running here a call-in program! You were invited as a candidate for managing sales. That's why Ms. Baudouin is sitting right here next to me.
Frederick: I was just hoping this interview might get me a foot in the door ...
Regina: Don't push your luck, mister!
Abigail: Are we through with him? We've whiled away enough of our time with this one.

Beispieldialog: So machen Sie es richtig ...

Regina Breuer (HR specialist): I see in your resume that you're going to publish a book in the middle of next year.
Elvira Sokol (applicant): That's right. My planned book, *Better to Blast*, will be a longitudinal comparative research into Fortune 25 sales departments. Part of it will be based on my doctoral dissertation for the University of St. Helens.
Regina: That sounds quite a masterpiece!
Abigail: Well, it's definitely going to tip the scales in favor of you getting that job.
Elvira: Thank you, it's very kind of you to say that. I hope this question isn't out of place, but how come haven't you nominated one of your own for this position?
Abigail Baudouin (exiting sales manager): Let me field this one, Regina. An excellent question, Mrs. Sokol. The management has decided behind closed doors that none of our sales personnel is up to the challenge this position offers. I myself was brought in from the outside to lay the foundations for Sales.
Regina: If I may put a word in, our company is currently expanding and we're continuously on the lookout for young talents. Apropos young talents, would you mind telling us what is your motto in life?
Elvira: "High performance, low profile." I think it pretty much speaks for itself.
Regina: Original and snappy! One more question. In case we choose you for the job, when do you think you'll be able to step in?
Elvira: As I've written in my cover letter, I'm ready, willing, and able to start working as soon as necessary. Being a casual worker, it's

stipulated in my employment contract that I'm entitled to terminate it at the drop of a hat.

Abigail: That's music to our ears! We'll keep you in the picture about an appointment for the follow-up interview.

2.3 Konkrete Anleitung zum Vorgehen

Gute Prognose-
qualität

Ein strukturiertes Vorstellungsgespräch ist ein effizientes Instrument zur Auswahl neuer Mitarbeiter. Wenn Sie die hier vorgestellten Grundsätze zum Gesprächsaufbau und -ablauf berücksichtigen, gewinnen Sie eine realistische Einschätzung der Eignung des Bewerbers.

2.3.1 Vorstellungsgespräche vorbereiten

Skillprofil und Beurteilungskriterien festlegen

Critical
Incidents

Um entscheiden zu können, welche Kandidaten für die Stelle am besten geeignet sind, müssen Sie zunächst bestimmen, welche Fähigkeiten der Bewerber mitbringen soll, und geeignete Beurteilungskriterien festlegen. Ein bewährtes Vorgehen hierbei ist die *Methode der kritischen Ereignisse* („Critical Incidents"). Fähigkeiten manifestieren sich in konkretem Verhalten. Beginnen Sie daher mit einer Bestandsaufnahme der typischen Tätigkeiten, die in der Position zu verrichten sind. Überlegen Sie anschließend, welches Arbeitsverhalten ein Mitarbeiter zeigt, der die Position erfolgreich ausfüllt. Machen Sie im Gegensatz dazu eine Aufstellung der Verhaltensweisen, die einen wenig erfolgreichen Mitarbeiter kennzeichnen. Die so genannten „kritischen Ereignisse" können sich sowohl auf konkrete Arbeitsinhalte als auch auf den Umgang mit Vorgesetzten, Kollegen oder Kunden beziehen.

Beispiel:

Ein Vertriebsmitarbeiter im Außendienst führt häufig Verkaufsgespräche beim Kunden vor Ort. Ein erfolgreicher Mitarbeiter könnte sich dadurch auszeichnen, dass er jeden Termin gezielt vorbereitet, indem er aktuelle Informationen zu Unternehmen und Geschäftssituation des Kunden recherchiert. Im Verkaufsgespräch greift er diese Informationen auf und stellt gezielte Fragen, um zunächst die Bedarfslage des Kunden in Erfahrung zu bringen. Im Anschluss erstellt er dann ein maßgeschneidertes Angebot. Ein weniger erfolgreicher Mitarbeiter verfügt vielleicht über hervorragende Produktkenntnisse, erzielt jedoch weniger Abschlüsse, da er seinen Kunden die gesamte Produktpalette vorstellt, ohne sie bedarfsorientiert durch das Angebot zu führen.

> **Tipp:**
>
> Bei der Zusammenstellung der „Critical Incidents" können alle Personen, die Berührungspunkte mit der zu besetzenden Stelle haben, wertvolle Hinweise liefern. Es ist also eine Überlegung wert, gegebenenfalls zukünftige Vorgesetzte, Kollegen, Mitarbeiter, Kunden und Lieferanten in die Analyse einzubeziehen.

Das Vorstellungsgespräch vorstrukturieren

Vor dem Gespräch sollten Sie alle Informationen über den Kandidaten sichten und im Hinblick auf inhaltliche Anhaltspunkte für die Gesprächsführung im Interview auswerten. Anhand der schriftlichen Bewerbungsunterlagen sowie eventuell vorhandener Protokolle aus einem Telefoninterview können Sie prüfen, welche Fragen im Hinblick auf die Qualifikation des Kandidaten schon weitgehend beantwortet sind und welche Bereiche Sie im Vorstellungsgespräch vertieft betrachten wollen. Außerdem geben die Vorinformationen über den Bewerber Hinweise, mit welchen „kritischen Ereignissen" ein Kandidat in seinem bisherigen Werdegang bereits konfrontiert war. Im Vorstellungsgespräch können Sie diese nun thematisieren. Diese Vorgehensweise hilft Ihnen, im Gespräch effizient vorzugehen. So demonstrieren Sie dem Bewerber einen hohen Professionalitätsstandard, der auch stellvertretend für Ihr Unternehmen wahrgenommen wird.

Gesprächsvorbereitung

> **Tipp:**
>
> Erstellen Sie aus der Analyse der Vorinformationen eine Checkliste mit den wesentlichen Punkten, die Sie im Vorstellungsgespräch thematisieren wollen. Notieren Sie auch, welche situativen bzw. biographiebezogenen Fragen Sie stellen möchten, um das Skillprofil des Kandidaten zu testen (siehe dazu auch Kapitel 1.3.4). So behalten Sie jederzeit den Überblick und können sich leichter auf die eigentlichen Gesprächsinhalte konzentrieren.

2

2.3.2 Vorstellungsgespräche durchführen

Gesprächseinstieg

Warm-up

Wie bei jedem gut vorbereiteten Gespräch sollten Sie auch im Vorstellungsgespräch ein kurzes Warm-up für den Einstieg einplanen. Beginnen Sie mit etwas Smalltalk, um die Situation aufzulockern. So schaffen Sie eine gute Grundlage für den weiteren Gesprächsverlauf. Im Anschluss können Sie einen Ausblick darüber geben, was den Kandidaten im weiteren Verlauf des Gesprächs erwartet, um zum Hauptteil überzuleiten. Wenn Sie mit situativen oder biographiebezogenen Fragen arbeiten, weisen Sie den Bewerber darauf hin, dass Sie einige typische Arbeitssituationen mit ihm durchgehen wollen. So haben Ihre Bewerber die Möglichkeit, sich darauf einzustellen.

Hauptteil des Vorstellungsgesprächs

Eignungs-
diagnostik

Das Vorstellungsgespräch erfüllt im Wesentlichen zwei Funktionen:
1. Es soll dem rekrutierenden Unternehmen eine solide Entscheidungsgrundlage im Hinblick auf die Eignung eines Kandidaten verschaffen.
2. Es ermöglicht dem Bewerber, einen Eindruck vom rekrutierenden Unternehmen und der zu besetzenden Stelle zu gewinnen, um für sich zu entscheiden, ob die Position seinen Vorstellungen entspricht.

Personal-
marketing

Im Vorstellungsgespräch erhält ein Kandidat den ersten entscheidenden Eindruck vom Unternehmen. Es erfüllt somit eine wichtige Personalmarketing-Funktion. Eine geschickte Gesprächsführung bietet gute Möglichkeiten, ein positives Bild des rekrutierenden Unternehmens zu vermitteln und so die Annahmebereitschaft hinsichtlich eines potenziellen Stellenangebots beim Bewerber zu erhöhen. Daher sollte das Vorstellungsgespräch neben dem eignungsdiagnostischen Teil auch das Informationsbedürfnis des Bewerbers berücksichtigen. Sorgen Sie dafür, dass ihr Gesprächspartner genug Raum hat, eigene Fragen zu stellen. Im Folgenden finden Sie einen idealtypischen Vorschlag für einen ausgewogenen Gesprächsverlauf.

Achtung:

Falls im Vorfeld bereits ein Telefoninterview geführt wurde, sollten Sie das entsprechende Protokoll mit den Fragen für das Vorstellungsgespräch abgleichen, um zu starke Überschneidungen zu vermeiden.

Eröffnungsfragen mit freien Gesprächsanteilen

Gestalten Sie den Beginn des Hauptteils offen mit freien Gesprächsanteilen auf beiden Seiten. Hierzu bieten sich Fragen nach der Selbstvorstellung des Kandidaten an. Auf diese Weise hat der Bewerber die Möglichkeit, gut in das Gespräch zu finden und anfängliche Nervosität abzubauen.

Nervosität abbauen

Beispiel:

Bitten Sie den Kandidaten, kurz die wesentlichen Stationen seines bisherigen Werdegangs zusammenzufassen oder seine Hauptmotivation für die Bewerbung bei Ihrem Unternehmen darzustellen. Sie erhalten so einen ersten Eindruck, ob der Bewerber Sachverhalte angemessen und prägnant darstellen kann.

Fragen Sie den Kandidaten, was er bisher über ihr Unternehmen und die zu besetzende Stelle in Erfahrung gebracht hat. So können Sie feststellen, wie gut sich Ihr Gesprächspartner vorbereitet hat und Sie vermeiden, später Zeit auf die Weitergabe von Informationen zu verwenden, die bereits bekannt sind.

Stellen Sie dem Kandidaten dann Ihr Unternehmen kurz vor und geben Sie ihm ein paar grundlegende Informationen zur zu besetzenden Stelle, die über die üblichen Angaben in einer Stellenanzeige hinausgehen (z. B. zur Teamstruktur und fachlichen Expertise der zukünftigen Kollegen). An dieser Stelle geht es weniger um „harte Fakten" wie Gehalt und Sozialleistungen. Vielmehr soll der Kandidat einen guten Eindruck von seinem zukünftigen potentiellen Arbeitsumfeld bekommen. Im Anschluss können Sie erste offene Fragen des Kandidaten klären. Leiten Sie dann zu den situativen bzw. biographiebezogenen Fragen über.

Eindruck vom Arbeitsumfeld vermitteln

Situative und biographiebezogene Fragen

Dieser Teil des Gesprächs hat weniger Dialogcharakter als die frei gehaltene Eröffnung und gleicht eher einem Frage-Antwort-Spiel,

Anforderungsbezogener Skill-Check

2

durch das Sie den Kandidaten führen. Arbeiten Sie die relevanten Themenbereiche konsequent ab, um einen Eindruck zu bekommen, ob das Skillprofil des Kandidaten den Anforderungen entspricht. Bei den biographiebezogenen Fragen ergeben sich häufig Anknüpfungspunkte aus dem bisherigen Werdegang des Kandidaten. Die situativen Fragen können Sie mit dem Hinweis einleiten, dass es sich um typische Situationen aus dem Arbeitsalltag der zu besetzenden Position handelt. Neben ihrem eignungsdiagnostischen Wert haben situative und biographiebezogene Fragen den Vorteil, dass der Kandidat einen sehr anschaulichen Eindruck von den Herausforderungen bekommt, die ihn in der neuen Position erwarten. Der Aufbau situativer und biographiebezogener Fragen wird in Kapitel 1.3.4 ausführlich erläutert.

Beurteilungsfehler vermeiden

Um sich im Gespräch einen möglichst objektiven Eindruck von der Eignung eines Kandidaten zu verschaffen und Fehlurteile zu vermeiden, sollten Sie sich einige typische Wahrnehmungs- und Beurteilungsfehler bewusst machen.

- **Primäreffekt**: Überbewertung des ersten Eindrucks
- **Halo-Effekt**: Überbewertung einer einzelnen Eigenschaft des Kandidaten, die dann alle anderen Wahrnehmungen „überstrahlt" („ein smarter Typ")
- **Ähnlichkeits- bzw. Kontrasteffekt**: Der Interviewer schreibt dem Kandidaten ähnliche oder gegenteilige Eigenschaften wie sich selbst zu (häufig aufgrund äußerer Merkmale), was zu Sympathie- bzw. Antipathieeffekten führen kann.
- **Logische Fehler**: Eigenschaften werden als zusammengehörend wahrgenommen und willkürlich kombiniert.
- **Primacy- und Recency-Effekt**: Erste und letzte Informationen bleiben besonders gut im Gedächtnis (relevant im Hinblick auf Begrüßung und Verabschiedung eines Kandidaten).

Beurteilung des Bewerbers

Es wird Ihnen leichter fallen, eine objektive Bewerberauswahl zu treffen, wenn Sie zwischen Beobachtung und Beurteilung trennen. Protokollieren Sie während des Gesprächs die Antworten des Kandidaten als Verhaltensbeschreibungen stichwortartig mit. Erst im Anschluss an das Vorstellungsgespräch nehmen Sie eine Bewertung der einzelnen Antworten vor, indem Sie entscheiden, inwieweit das vom Kandidaten geäußerte Verhalten Ihren Anforderungen entspricht.

Zur Unterstützung der Bewertung können Sie einfache abgestufte Ratingskalen verwenden, deren Endpunkte Sie durch die Beschreibung des optimalen bzw. inadäquaten Verhaltens in einer bestimmten Situation definieren. Über die Skalenabstufung können Sie dann eine quantitative Einschätzung treffen, wie nah der Kandidat am Verhaltensoptimum war. Somit erhalten Sie auch eine gute Vergleichsbasis für unterschiedliche Kandidaten.

Rahmenbedingungen der Position

Im Anschluss an die situativen und biographiebezogenen Fragen können Sie das Gespräch wieder offener gestalten. Beantworten Sie Fragen, die sich für den Kandidaten aus dem bisherigen Gespräch ergeben haben. Außerdem ist jetzt ein guter Zeitpunkt, die wesentlichen Rahmenbedingungen und „harten Fakten" wie z. B. Gehaltsrahmen, Sozialleistungen, Umzugsmodalitäten usw. zu klären. Auch wenn Sie die Gehaltsverhandlung in einem gesonderten Gespräch führen, sollte der Kandidat eine ungefähre Vorstellung von den Konditionen bekommen, auf die er sich einstellen kann.

Harte Fakten

Gesprächsabschluss

Ziel dieser Phase ist es, das Vorstellungsgespräch verbindlich zu beenden. Bedanken Sie sich für das Gespräch und signalisieren Sie, bis wann mit einer Entscheidung Ihrerseits zu rechnen ist. Bringen Sie außerdem in Erfahrung, ob der Kandidat eventuell unter Entscheidungsdruck steht, so dass Sie gegebenenfalls schneller reagieren müssten. Bevor Sie den Kandidaten verabschieden, sollten Sie ihn noch darauf hinweisen, wie er Sie am besten erreichen kann, wenn er weitere Fragen hat.

Verbindlichkeit signalisieren

2.3.3 Rechtliche Aspekte im Bewerbungsgespräch

Unzulässige Fragen

Das Fragerecht des Arbeitgebers bei der Einstellung und in Vorstellungsgesprächen ist nicht unbegrenzt. Nicht zulässig sind Fragen, die nicht im Zusammenhang mit dem Arbeitsverhältnis stehen und für die Erbringung der Arbeitsleistung nicht von Bedeutung sind.

Unzulässige Fragen im Bewerbungsgespräch

Grundsätzlich unzulässig sind z. B. Fragen nach:

- Religions- und Parteizugehörigkeit
- Gewerkschaftszugehörigkeit
- Privatleben
- Heiratswunsch/Kinderwunsch
- Schwangerschaft
- Sexuellen Vorlieben
- HIV-Infektion (außer bei Tätigkeiten mit Blutkontakt, z. B. im Gesundheitswesen)
- Höhe der bisherigen Vergütung (es ist aber zulässig, nach den Gehaltsvorstellungen zu fragen)

Zulässige Fragen im Bewerbungsgespräch

Unter bestimmten Bedingungen sind folgende Fragen zulässig:

- Nach Schulden und Vermögensverhältnissen, wenn die Korruptionsanfälligkeit der Arbeitnehmer eine Rolle spielt (z. B. in der Auftragsvergabe)
- Nach anhaltenden Lohn- und Gehaltspfändungen aus früheren Arbeitsverhältnissen, wenn dem Arbeitgeber dadurch zusätzliche Buchhaltungskosten entstehen
- Nach Krankheiten, sofern diese eine bedeutende Auswirkung auf die Arbeitstätigkeit und Leistungsfähigkeit haben
- Nach Vorstrafen, sofern diese in direktem Bezug zur Tätigkeit stehen (z. B. Unterschlagung bei Kassierern)

Das Allgemeine Gleichbehandlungsgesetz (AGG)

Seit dem 18. August 2006 ist das Allgemeine Gleichbehandlungsgesetz (AGG) gültig. Demnach ist es verboten, Bewerber bei Entscheidungen in der Personalauswahl aus Gründen

- der Rasse,
- der ethnischen Herkunft,
- des Geschlechts,
- der Religion oder Weltanschauung,
- einer Behinderung,
- des Alters,
- der sexuellen Identität zu diskriminieren.

Sowohl bei der Formulierung von Stellenausschreibungen als auch bei der Durchführung von Vorstellungsgesprächen ist daher darauf zu achten, dass den Kandidaten im Zusammenhang mit den genannten Kriterien keine Nachteile entstehen.

3 Nachbetreuung interessanter Bewerber

In diesem Kapitel lernen Sie drei Möglichkeiten kennen, wie Sie den Kontakt zu interessanten Bewerbern in der Phase zwischen Auswahltermin und Annahme Ihres Stellenangebots intensivieren können:

1. Telefonische Nachbetreuung: Rufen Sie den Bewerber kurz nach dem Vorstellungsgespräch an und signalisieren Sie verbindliches Interesse.
2. Einladung des Bewerbers zu einem Unternehmensbesuch: Vermitteln Sie einen lebendigen Eindruck von Unternehmenskultur und Betriebsklima.
3. Einladung zu gesellschaftlichen Terminen: Betonen Sie besonders Ihr Interesse an dem Bewerber, indem Sie ihn auch außerhalb des üblichen Geschäftsrahmens treffen.

3.1 Überblick zum Vorgehen

Hier erfahren Sie übersichtlich zusammengefasst, wie Sie interessante Bewerber nachbetreuen können. Weitere Informationen und Tipps finden Sie nach dem englischen Teil in Kapitel 3.3.

Siehe CD-ROM

1. Telefonische Nachbetreuung des Bewerbers (siehe auch Kapitel 3.3.1)	
Den Bewerber kurz nach dem Vorstellungstermin anrufen	
Bedanken für das interessante Gespräch	
Nachfragen, ob Sie noch etwas für den Bewerber tun können	
Treffen weiterer Absprachen je nach Bedürfnislage des Kandidaten	
Falls Sie schon ein konkretes Stellenangebot unterbreitet haben:	
Sicher stellen, dass der Bewerber das Angebot tatsächlich erhalten hat	

Klären, ob das Angebot den Vorstellungen des Bewerbers entspricht	
Klären weiterer offener Fragen	
Nachfragen, bis wann mit einer Entscheidung des Bewerbers zu rechnen ist	
2. Unternehmensbesuche des Bewerbers (siehe auch Kapitel 3.3.2)	
Dem Bewerber einen Besuch in Ihrem Unternehmen anbieten	
Dem Bewerber einen anschaulichen und realistischen Eindruck von den Besonderheiten Ihres Unternehmens vermitteln	
Beispiel: Führungen duch wichtige Unternehmensbereiche anbieten	
Beispiel: Einblick in besondere Initiativen Ihres Unternehmens vermitteln	
Zukünftigen Arbeitsplatz des Bewerbers vorstellen	
Zukünftige Kollegen des Bewerbers vorstellen	
3. Einladung zu gesellschaftlichen Terminen (siehe auch Kapitel 3.3.3)	
Den Bewerber zu gesellschaftlichen Terminen einladen (z. B. ein Abendessen oder eine kulturelle Veranstaltung)	
Wenn das Stellenangebot für den Bewerber mit einem Wohnortwechsel verbunden ist: Bewerber zu einer Stadtführung einladen	
Direkte Vorgesetzte des Bewerbers und eventuell weitere Führungskräfte zu dem gesellschaftlichen Termin einladen	
Ggf. Partnerin oder Partner des Bewerbers einladen	

3.2 Vocabulary, useful phrases and dialogues

In Kapitel 3.2 finden Sie Arbeitshilfen in englischer Sprache für die sprachliche Vorbereitung Ihrer Personalarbeit:

- eine Liste mit englischen Vokabeln, die Sie für die Nachbetreuung von interessanten Bewerbern benötigen
- eine Auswahl von typischen englischen Redewendungen („useful phrases")
- zwei Beispieldialoge in englischer Sprache

Siehe CD-ROM

Die wichtigsten Vokabeln zu Kapitel 3	
ablösen, übernehmen	to take over
Ansprechpartner, zuständig, Kontaktperson	contact person, liaison, person in charge
Arbeitgeber	employer
Arbeitnehmer, Angestellter	employee
Aufsichtsrat	supervisory board
Aufwand, Mühe, Versuch	effort
Auswahl	selection, elimination
Berufseinsteiger, Nachwuchskraft	junior staff, trainees, young professionals/talents
Branche	sector
Dienstplan	roster
ein Angebot annehmen/ablehnen	to accept, take on/reject, turn down a job offer
einen Bewerber umwerben	to chase after/woo candidates
Fachkraft	skilled employee
familiäre Verhältnisse	marital status
in die engere Wahl nehmen	to shortlist
kennenlernen	to get to know
Kollege	peer, colleague, workmate
Mangel	deficiency, lack, paucity, shortage
mit etwas/jmd. bekannt machen	to acquaint, familiarize
Mitarbeiter/Untergebener	subordinate, underling, inferior
sich vorstellen	to present, introduce
Stimmung	atmosphere
über-/unterqualifiziert	over-/underqualified
Unternehmenskultur	corporate culture
unterstreichen	to emphasize, stress, underline
Verbindlichkeit	commitment

Verschieben, verlegen	to delay, postpone, put off, reschedule, shelve
vorgesehene Zeit	allotted time
Vorgesetzter	superior, supervisor, boss, higher-up
Wettbewerb, Konkurrenz	competition
Wettbewerbsvorteil	competitive edge
Wohnortwechsel, Verlegung, Übersiedelung	moving, relocation, removal
Zusatzleistungen	perks, fringe benefits, perquisites

useful phrases – Redewendungen zu Kapitel 3

Siehe CD-ROM

to knock off work, pack it in, call it a day, sign off	Feierabend machen
straight from the horse's mouth	aus erster Hand
to be rushed off your feet/ overworked, have your hands full, snowed under, swamped with work, break your back, to burn the candle at both ends	überarbeitet, sich überanstrengen, die Nacht zum Tage machen
to get someone's ducks in a row	etwas auf die Reihe kriegen
to give someone the lowdown, keep s/o in the loop/picture/posted, brief, bring s/o up-to-date, update, put/set someone straight	jdn. ins Bild setzen, auf dem Laufenden halten
to keep on file	zu den Akten legen
to keep/stay in touch	in Kontakt bleiben
to listen with half an ear	nur auf einem Ohr zuhören
to make up your mind	entscheiden
to see for yourself	sich selbst überzeugen
to think on your feet	schnell reagieren

53

Die folgenden zwei Telefongespräche vermitteln Ihnen einen lebendigen Eindruck, wie die Einladung zu einem Unternehmensbesuch in englischer Sprache ablaufen könnte. Der erste Dialog gibt ein Negativ-Beispiel, was in dem Gespräch typischerweise schief gehen könnte. Der zweite Dialog zeigt einen gelungenen Gesprächsverlauf. Vielleicht sind Ihnen bestimmte Ausdrücke oder Redewendungen aus dem Dialogbeispiel unbekannt. Dann helfen Ihnen die Vokabelliste und die Sammlung von Redewendungen.

Beispieldialog: Wenn es schief läuft ...

Regina Breuer (HR specialist): Mr. Shockley, I'm calling you about your interview for the position of Sales Manager in our company.

Frederick Shockley (applicant): Oh, I hope I did well.

Regina: Yes, you did. In fact, as part of our screening process we'd like to invite you to take a short tour at our headquarters. Will you be interested?

Frederick: Are you kidding?! Of course I'm interested! Do you have a certain date in mind?

Regina: How about sometime during the 31st calendar week?

Frederick: Just a moment, let me have a look at my datebook ... Umm, the 31st ... Oh, sorry, I'm fully booked up then, I won't be able to meet you. What about the following day? In the afternoon?

Regina: That would also fall within the 31st calendar week ...

Frederick: No, it doesn't. That'll be August 1st. We can meet then.

Regina: I'm very sorry, but you'll have to make up your mind. Will you be able to make it during the 31st calendar week or not?

Frederick: I told you before, Tuesday will be out of the question!

Regina: Mr. Shockley, please simmer down! What about another day that week?

Frederick: Yes, on the following day, Wednesday, we can meet at four o'clock.

Regina: You mean, Wednesday, August 1st?

Frederick: Yep, that's the date.

Regina: Then you will be able to meet me during the 31st calendar week after all! Oh, boy! I'm afraid we've been talking at cross purposes all that time. Listen, why don't you simply send me an email with the dates you're free to see me?

Frederick: That's a great idea. You can obviously think on your feet. Can you tell me your email address and I'll get back to you later on that?

Regina: You can find it on the business card I gave you.

Frederick: Of course, it should be somewhere here, let me see ... But ... what was your name again?

Regina: You can also find it out on the card. Goodbye.

Frederick: Sorry, I was listening with half an ear when you introduced yourself. Hello? Hello?!

Beispieldialog: So machen Sie es richtig ...

Elvira Sokol (applicant): It looks like on Monday I'll be totally rushed off my feet. We have had some bugs cropping up with our billing system. It will take us some time before we can get our ducks back in a row.

Regina Breuer (HR specialist): That's a pity, we were really hoping to see you at our head office then. Ms. Abigail Baudouin, our exiting sales manager, has freed up some time to take you out for a dinner, so that you will have the chance to get the lowdown on the position we're offering straight from the horse's mouth.

Elvira: Oh, that sounds like an offer I can't possibly turn down.

Regina: It certainly can't leave you cold!

Elvira: Well, in that case I will find some excuse to knock off work earlier.

Regina: Great! I'm happy you'll be able to make it. Can you be here at four o'clock?

Elvira: That shouldn't be a problem.

Regina: Fab! See you then!

3

3.3 Konkrete Anleitung zum Vorgehen

Fortsetzung der Personalmarketing-Aktivitäten

Der Auswahlprozess zur Einstellung eines neuen Mitarbeiters ist mit einem nicht unerheblichen Zeit- und Kostenaufwand verbunden. Hat man erst einen geeigneten Kandidaten identifiziert, ist das Interesse des rekrutierenden Unternehmens entsprechend groß, diesen auch zur Annahme des Stellenangebots zu bewegen. Vor allem besonders qualifizierte Kandidaten bekommen häufig Alternativangebote von anderen Unternehmen. Auch wenn in einer Branche gerade ein Mangel an Fachkräften oder Kandidaten mit einer bestimmten Qualifikation herrscht, tritt man in den direkten Wettbewerb um die besten Arbeitskräfte. Um das Rennen für sich zu entscheiden, ist es wichtig, sich als potenzieller Arbeitgeber im Hinblick auf das Konkurrenzangebot vorteilhaft zu präsentieren.

Ziel: Annahme des Stellenangebots

Da Kandidaten bei Ihrer Entscheidung für oder gegen ein Jobangebot neben den harten Fakten wie Gehalt oder Zusatzleistungen (z. B. Firmenwagen) auch Informationen zu Personalimage, Unternehmenskultur, Betriebsklima und Führungsstil heranziehen, lohnt es sich, bei interessanten Bewerbern ein wenig zusätzlichen Aufwand in die Nachbetreuung zu investieren.

3.3.1 Telefonische Nachbetreuung des Bewerbers

Nach dem Vorstellungstermin: Kontakt halten

Mit einem Telefonanruf bei einem Kandidaten in kurzem zeitlichem Abstand zum Vorstellungstermin signalisieren Sie, dass Sie nachhaltiges Interesse an der Person des Bewerbers haben und auch weiterhin den Kontakt halten möchten.

Die telefonische Nachbetreuung bietet sich auch an, wenn Sie noch keine endgültige Einstellungsentscheidung getroffen haben, z. B. weil sich noch weitere Kandidaten im Auswahlprozess befinden und Sie sich interessante Bewerber so lange „warm halten" möchten.

Beispiel:

„Wir wollten uns nach dem Vorstellungsgespräch noch einmal mit Ihnen in Verbindung setzen. Das Gespräch hat uns sehr gut gefallen und wir hoffen, dass Sie ebenfalls viele interessante Eindrücke mitnehmen konnten. Manchmal ergeben sich ja weitere Fragen, wenn man die Dinge etwas auf sich wirken lässt. Wir wollten Sie daher fragen, ob es im Augenblick etwas gibt, was wir noch für Sie tun können?"

> **Tipp:**
> Treffen Sie weitere Absprachen mit dem Kandidaten. Vermitteln Sie z. B. Kontakte zu Mitarbeitern aus Unternehmensbereichen, die für den Kandidaten interessant sind (z. B. zukünftige Kollegen, Projektleiter, Fachexperten). Dies kann ein hilfreiches Zusatzangebot darstellen.

Sie sollten Ihren Wunschkandidaten auf jeden Fall kontaktieren, nachdem Sie ihm ein konkretes Stellenangebot unterbreitet haben. Klären Sie offene Fragen und stellen Sie sicher, dass

Kontakt nach erfolgtem Stellenangebot

- der Kandidat das Angebot tatsächlich erhalten hat und
- die Inhalte den Absprachen entsprechen.

Normalerweise wird Ihr Angebot mit einer Annahmefrist versehen sein. Nutzen Sie den Kontakt daher auch, um in Erfahrung zu bringen, bis wann Sie mit einer Entscheidung des Kandidaten rechnen können. Nehmen Sie den genannten Termin in Ihre Wiedervorlage auf, um gegebenenfalls zeitnah nachzuhaken, falls der Kandidat bis dahin noch nicht geantwortet hat.

Bis wann wird sich der Kandidat entscheiden?

> **Tipp:**
> Es macht Eindruck, wenn ein Kandidat von einem Vertreter des Top Managements kontaktiert wird. Ein Anruf vom zuständigen Geschäftsführer oder Bereichsleiter zeigt, dass die Rekrutierung Chefsache ist und den Mitarbeitern von Anfang an eine hohe Bedeutung beigemessen wird.

Wichtig ist, dass es einen Ansprechpartner für den Kandidaten gibt, der gut zu erreichen ist und die weiteren Schritte der Nachbetreuung organisiert.

> **Achtung:**
> Zwischen allen an der Nachbetreuung beteiligten Unternehmensvertretern muss ein reibungsloser Kommunikationsfluss sichergestellt werden. So erreichen Sie, dass keine Informationen verloren gehen und Zusagen an den Kandidaten eingehalten werden. Alle Informationen sollten bei einem definierten Ansprechpartner für den Kandidaten zusammenlaufen.

3.3.2 Unternehmensbesuche des Bewerbers

Eindrücke zu
Unternehmens-
kultur und
Betriebsklima

Im Rahmen des regulären Auswahlprozesses lassen sich Eindrücke zu Unternehmenskultur und Betriebsklima häufig nur oberflächlich vermitteln. Diese Eindrücke spielen aber eine wichtige Rolle bei der Entscheidung eines Bewerbers für die Annahme eines Stellenangebots. Indem Sie den Kandidaten einladen, nach dem Auswahlgespräch einen zusätzlichen Termin bei Ihnen vor Ort wahrzunehmen, haben Sie eine gute Möglichkeit, dem Kandidaten ihr Unternehmen näherzubringen. Der Unternehmensbesuch eignet sich also vor allem für Kandidaten, denen Sie bereits ein konkretes Stellenangebot unterbreitet haben.

Gestalten Sie diesen Termin so, dass der Kandidat einen möglichst anschaulichen und realistischen Eindruck von den Besonderheiten bekommt, die Ihr Unternehmen und Ihre Arbeitsweise auszeichnen. Hierfür bieten sich Führungen durch wichtige Unternehmensbereiche (z. B. Produktionsstätten oder Verwaltungsgebäude) oder Einblicke in besondere Initiativen (z. B. Umweltschutzmaßnahmen, Kunstsammlung, Förderung sozialer Projekte) an. Mindestens ebenso wichtig dürfte für den Kandidaten eine Besichtigung des Arbeitsplatzes und ein Treffen mit zukünftigen Kollegen sein.

> **Tipp:**
>
> Sorgen Sie im Rahmen des Unternehmensbesuchs für eine Gelegenheit, zukünftige Kollegen zu treffen, ohne dass ein in den Auswahlprozess eingebundener Mitarbeiter dabei ist. So hat der Bewerber die Möglichkeit, für ihn interessante Informationen „aus erster Hand" zu erhalten.

Realistischer
Eindruck vom
Unternehmen

Die Eindrücke, die ein Bewerber vor Ort im rekrutierenden Unternehmen erhält, haben wesentlichen Einfluss auf seine Bereitschaft, ein konkretes Stellenangebot anzunehmen. Vermitteln Sie dem Bewerber ein realistisches Bild von Ihrem Unternehmen. Vielleicht entscheidet sich der Kandidat gegen Ihr Unternehmen. Es ist aber niemandem geholfen, wenn ein Kandidat aufgrund eines falschen Eindrucks von seinem zukünftigen Job ein Angebot annimmt und während der Probezeit aufgrund enttäuschter Erwartungen wieder kündigt. Durch einen Unternehmensbesuch vermitteln Sie dem Kandidaten in jedem Fall wichtige Eindrücke, die ihm das Gefühl geben zu wissen, auf was er sich einlässt. Das allein kann einen entscheidenden Rekrutierungsvorteil gegenüber Konkurrenzangeboten bedeuten.

3.3.3 Einladung zu gesellschaftlichen Terminen

Eine weitere Möglichkeit, den Kontakt zu interessanten Kandidaten auch außerhalb des direkten geschäftlichen Umfelds zu intensivieren, bieten Einladungen zu gesellschaftlichen Terminen. Diese Maßnahme eignet sich vor allem für Kandidaten, denen Sie bereits ein konkretes Stellenangebot unterbreitet haben.

Socializing

Beispiel:

Ein gemeinsames Abendessen oder der Besuch einer kulturellen Veranstaltung liefern einen angemessenen Rahmen für ein vertieftes persönliches Kennenlernen zwischen Kandidat und Unternehmensvertretern.

An einem gesellschaftlichen Termin sollten idealerweise der zukünftige direkte Vorgesetzte des Kandidaten und eventuell weitere hochrangige Führungskräfte teilnehmen. Auf diese Weise verleihen Sie Ihrem Stellenangebot mehr Verbindlichkeit und unterstreichen die Bedeutung, die Sie dem Eintritt des Bewerbers in Ihr Unternehmen beimessen. Zudem gehen Sie durch eine entsprechende Einladung in „Vorleistung", was im Gegenzug wiederum auch die Wahrscheinlichkeit erhöht, dass ihr Angebot tatsächlich angenommen wird.

Tipp:

Insbesondere wenn die Annahme des Stellenangebots für den Kandidaten mit einem Wohnortwechsel verbunden ist, können Sie die Einladung zu einem gesellschaftlichen Termin nutzen, um Ihren Unternehmensstandort eingehender zu präsentieren. Eine Rundfahrt durch das Umland oder eine kleine Stadtführung können hier passende Maßnahmen sein.

Schließlich sollten Sie auch die familiären Verhältnisse des Kandidaten berücksichtigen. Die Tatsache, dass der Kandidat in einer festen Partnerschaft lebt, verheiratet ist oder Kinder hat, kann einen wesentlichen Einfluss auf seine Stellenwahl haben. Weiten Sie die Einladung zu einem gesellschaftlichen Termin daher gegebenenfalls auch auf den Partner und eventuell die Kinder des Kandidaten aus.

Familiäre Verhältnisse berücksichtigen

Auf jeden Fall sollten Sie die Informationen, die Sie über die familiären Verhältnisse des Kandidaten gewonnen haben, gezielt für den weiteren Kontakt nutzen. So können Sie beispielsweise auf Möglichkeiten der Kinderbetreuung oder auf das Schulangebot an Ihrem Unternehmensstandort hinweisen.

Tipp:

Es bietet sich an, einen Unternehmensbesuch des Kandidaten mit einem anschließenden gesellschaftlichen Termin zu verbinden.

4 Neue Mitarbeiter begrüßen und einarbeiten

Sie erfahren in diesem Kapitel, wie Sie

- einen umfassenden Einarbeitungsplan für einen neuen Mitarbeiter erstellen,
- den ersten Arbeitstag des Mitarbeiters vorbereiten und gestalten sowie
- den Mitarbeiter durch die ersten Wochen in seiner neuen Tätigkeit begleiten.

4.1 Überblick zum Vorgehen

Hier erfahren Sie übersichtlich zusammengefasst, worauf Sie bei der Einarbeitung eines neuen Mitarbeiters in den ersten Tagen und Wochen achten müssen. Weiterführende Informationen und Tipps finden Sie nach dem englischen Teil in Kapitel 4.3.

1. Einarbeitungsplan erstellen (siehe auch Kapitel 4.3.1)
Aufgaben und Ziele für den Mitarbeiter festlegen
Informationsbedarf des Mitarbeiters ermitteln
Ansprechpartner des Mitarbeiters benennen
2. Den ersten Arbeitstag vorbereiten (siehe auch Kapitel 4.3.2)
Unternehmensinterne Formalitäten regeln (z. B. E-Mail-Zugang)
Arbeitsplatz funktionsfähig einrichten
Personalabteilung: Liegen alle wesentlichen Unterlagen vor?
Neuen Mitarbeiter über genauen Starttermin informieren
Kontaktperson für den neuen Mitarbeiter benennen

Siehe CD-ROM

3. Den ersten Arbeitstag gestalten (siehe auch Kapitel 4.3.2)	
Den neuen Mitarbeiter den Abteilungsmitgliedern vorstellen	
Kennenlernen von Kollegen und Arbeitsplatz	
Mitarbeiter an seinem neuen Arbeitsplatz einweisen	
Firmenrundgang für den Mitarbeiter arrangieren	
Interne Ansprechpartner des neuen Mitarbeiters vorstellen	
Den Mitarbeiter mit Arbeitsroutinen vertraut machen	
4. Neue Mitarbeiter durch die ersten Wochen begleiten (siehe auch Kapitel 4.3.3)	
Den Einarbeitungsplan mit dem Mitarbeiter besprechen	
Gegenseitige Erwartungen klären	
Wichtige Kontakte anbahnen	
Während der Einarbeitungszeit des Mitarbeiters: Feedback von seinen Ansprechpartnern einholen	

4.2 Vocabulary, useful phrases and dialogues

In Kapitel 4.2 finden Sie Arbeitshilfen in englischer Sprache für die sprachliche Vorbereitung Ihrer Personalarbeit:

- eine Liste mit englischen Vokabeln, die Sie für die Einarbeitung von neuen Mitarbeitern benötigen
- eine Auswahl von typischen englischen Redewendungen („useful phrases")
- zwei Beispieldialoge in englischer Sprache

Siehe CD-ROM

Die wichtigsten Vokabeln zu Kapitel 4	
Austrittsgespräch	exit interview
Anfangsschwierigkeiten	teething troubles, growing pains
Azubi	apprentice
berücksichtigen, in Erwägung ziehen	to take into account/ consideration, factor in, deliberate

Berufsanfänger	entrant
Bürokratie	red tape, paper chase
Festeinstellung	permanent position, tenure
Einarbeitung	job training
eine Stellung bekleiden	to fill a position, accede
Einstellungsstopp	hiring freeze
ernennen	to appoint, assign, designate, nominate, slate
Expertenwissen	expertise
Fachkenntnisse	specialized knowledge, bailiwick
Feuertaufe	baptism of fire
grün hinter den Ohren, Neuling	abecedarian, freshman, greenhorn, neophyte, novice, rookie, tyro, wet behind the ears, a babe in the woods, new/raw/fresh recruit
Gutachten, Expertenmeinung	expert opinion
Hackordnung	pecking order, hierarchy
hohes Tier	big cheese/shot/wig, high caliber, hotshot, big/top gun/dog
jdn. auf Schritt und Tritt begleiten, jdm. über die Schulter schauen	to shadow someone
Nachfolger	successor
Neuankömmling	newcomer
Orientierungsgespräch	orientation session
Pensum, Arbeitsbelastung	workload
Personal einstellen	to recruit, hire, headhunt
Personalbeschaffung	recruitment
Personalreferent	recruiter
Phase	phase, stage, step
Praktikant	intern
Probezeit	probation period

Sachbearbeiter	clerk
Sekretär/in	personal assistant (PA), secretary
Sicherheitskontrolle	security clearance/check
(ein Amt) übernehmen	to assume (an office)
un/erfahren, unbedarft	in/experienced
vertrauliche Informationen	confidential information
Vorgänger	predecessor
Wunderkind	prodigy, rising star
Zeitfenster	time slot

Siehe CD-ROM

useful phrases – Redewendungen zu Kapitel 4	
down the road	irgendwann
it serves you right, you had it coming	du verdienst es nicht anders, es geschieht dir recht
sparks fly, all hell breaks loose	die Fetzen fliegen
to be at each other's throats/daggers drawn with someone, go for the jugular, backbite	jdm. die Gurgel gehen, auf Hauen und Stechen mit jdm./miteinander stehen
to be on a first-name basis	per Du sein
to catch/get someone's drift	verstehen, worauf jdn. hinaus will, jdn. recht verstehen
to find your feet, acclimate, accustom, get used to	laufen lernen, sich gewöhnen
to get a taste of	einen Eindruck bekommen
to hear something through the grapevine	zu Ohren kommen
to keep a watchful eye on, keep tabs on, monitor, ride herd	kontrollieren, überwachen, beobachten
to learn the ropes, be broken in	sich einarbeiten
to leave someone to his own devices/on their own	jdn. sich selbst überlassen

to make a name for yourself	sich einen Namen machen
to roll up sleeves	die Ärmel hochkrempeln
to set eyes on	zu Gesicht bekommen, etwas ins Auge fassen
to step up to the plate	Verantwortung übernehmen

Die folgenden zwei Dialoge vermitteln Ihnen einen lebendigen Eindruck von einem Gespräch am ersten Arbeitstag. Der erste Dialog gibt ein Negativ-Beispiel, was in dem Gespräch typischerweise schief gehen könnte. Der zweite Dialog zeigt einen gelungenen Gesprächsverlauf. Wenn Ihnen einzelne Ausdrücke oder Redewendungen aus dem Dialogbeispiel unbekannt sind, helfen Ihnen die Vokabelliste und die Sammlung von Redewendungen.

Beispieldialog: Wenn es schief läuft ...

Abigail Baudouin (exiting sales manager): Knowing the busybody that you are, Alvin, I'm sure you've already heard through the grapevine that I'm going to be on maternity leave from next week onward. Elvira here will take over as sales manager.

Alvin Talon (head of R&D): I thought we had a hiring freeze ...

Elvira Sokol (entering sales manager): Hi Alvin. I'm really excited to work here and can't wait to roll up my sleeves and get a taste of working together!

Alvin: Not to worry, you'll soon have more than you can possibly swallow.

Abigail: Elvira, you keep a watchful eye on him – he's the troublemaker around here. Good luck with him!

Alvin: I understood you're only temporary here? That is, until we can afford to hire a male manager.

Elvira: You must have been misinformed. I'm here for good.

Abigail: Oh, Lillian, here you are! Come over here and say hello to the new fill-in.

Lillian Cottbus (executive assistant): Hi, nice meeting you. I'm Mr. Bradley's secretary ...

Abigail: Lillian knows Mr. Bradley inside out, if you catch my drift...

Lillian: Well, at least I'm not carrying his child!

Abigail: Elvira, if you need help with finding your feet, don't hesitate to ask Ms. Cottbus. She's going to be your gofer for the day and take care of the nitty-gritty. I'll be off now!

Lillian: Hey, you can't just leave me here to my own devices!

Abigail: It serve you right! It's about time you step up to the plate, darling!

Elvira: Are you people always at each other's throats?!

Alvin: Elvira, don't pay any attention to them; when those two get together the sparks really fly.

Abigail: Don't worry, my dear, half a year down the road and you too will be looking forward to your exit interview.

Beispieldialog: So machen Sie es richtig ...

Alvin Talon (head of R&D): It's sure difficult to imagine the office without you, Abigail.

Abigail Baudouin (exiting sales manager): Oh, It's so sweet of you to say that. But I think we've found the right person for this job. Elvira Sokol, this is Alvin Talon, our head of R&D. He's made a name for himself in the field.

Elvira Sokol (entering sales manager): I'm so honored to meet you, Mr. Talon! I attended your presentation at PEP Talks in Montréal last year.

Alvin: That was me alright!

Elvira: It was absolutely fascinating. As a matter of fact, that was when I first set my eyes on this company. I'm thrilled to be working side by side with the legendary Alvin Talon.

Alvin: I'm truly flattered. And you can call me Alvin – we're all on a first-name basis around here.

Abigail: Elvira, I want you to meet Ms. Lillian Cottbus. She's Mr. Bradley's personal assistant. She's an absolute gem – we couldn't have possibly managed without her!

Lillian Cottbus (executive assistant): Now, Abigail, you make me flush! Welcome onboard, Elvira!

Elvira: Nice to meet you, Lillian. Mr. Bradley mentioned you favorably when I met with him this morning. I understand you're going to show me around.

Lillian: That's right. We can start off right after lunch break. The office canteen is just next to the production hall, so we'll kick off from there.

Abigail: I'll leave the two of you to work out Elvira's schedule for the day. And by the way, Elvira, in case I don't see you again around here, don't forget I'm throwing a small farewell party this weekend. I'd love to see you there!

Elvira: That's so kind of you. Sure, I'll be there!

4.3 Konkrete Anleitung zum Vorgehen

Die Phase nach dem Eintritt eines neuen Mitarbeiters in ein Unternehmen bringt für beide Seiten einige Unsicherheiten mit sich. Daher kommt der Begrüßung und Einarbeitung neuer Mitarbeiter eine entscheidende Bedeutung zu. Zum einen ist es wichtig, den Mitarbeiter mit den Gegebenheiten und Abläufen im Unternehmen und der neuen Abteilung vertraut zu machen. Zum anderen geht es darum, dem Mitarbeiter schnell zu seiner vollen Leistungsfähigkeit zu verhelfen.

Neue Mitarbeiter schnell leistungsfähig machen

4.3.1 Einarbeitungsplan erstellen

Der Einarbeitungsplan dient dazu, dem neuen Mitarbeiter erste Ziele und Aufgaben zu geben, die Einarbeitungsphase zu strukturieren und somit einen Orientierungsrahmen zu liefern. Der Umfang des Einarbeitungsplans sollte an der Dauer der Probezeit ausgerichtet sein. Durch eine klare Definition von Aufgaben und Erwartungen liefert der Einarbeitungsplan dann auch eine gute Grundlage für das Mitarbeitergespräch zum Ende der Probezeit, wenn Sie sich entgültig für (oder gegen) die Weiterbeschäftigung des neuen Mitarbeiters entscheiden.

Bei der Erstellung des Einarbeitungsplans sollten Sie zunächst die wesentlichen Aufgaben sowie die Vorgaben für deren Erfüllung für den Einarbeitungszeitraum festlegen. Stellen Sie sicher, dass der Mitarbeiter die relevanten Informationen für eine erfolgreiche Aufgabenerfüllung erhält und mit den zuständigen Ansprechpartnern zusammen arbeitet.

Orientierungsrahmen für die Probezeit

Aufgaben und Ziele festlegen

Aufgaben-
übersicht

Die Aufgaben, die Sie dem neuen Mitarbeiter für die Einarbeitung mitgeben, können Sie direkt aus dem Tätigkeitsprofil der entsprechenden Stelle ableiten. Stellen Sie sich die Frage, welchen Leistungsstand der Mitarbeiter kurzfristig erreichen sollte, um die Tätigkeit im Anschluss erfolgreich ausüben zu können, und definieren Sie entsprechende Teilaufgaben für die Einarbeitungsphase.

Zur Strukturierung der Aufgabenliste bietet sich folgendes Klassifikationsschema an:

- **Eigenverantwortliche versus unterstützende Aufgaben**
  Eigenverantwortliche Aufgaben umfassen alle Tätigkeiten, die vollständig in die Verantwortung des neuen Mitarbeiters übergehen sollen. Bei den unterstützenden Aufgaben arbeitet der Mitarbeiter Kollegen zu.
- **Fachliche versus administrative Aufgaben**
  Fachliche Aufgaben ergeben sich unmittelbar aus dem operativen Tätigkeitsschwerpunkt einer Stelle (z. B. Vertriebsaktivitäten, Kundenbetreuung). Administrative Aufgaben beziehen sich dagegen auf Sekundärtätigkeiten, die im Rahmen der Aufgabeerfüllung einer Abteilung anfallen (z. B. Budgetcontrolling).

Bestimmen Sie für den Einarbeitungsplan, welche fachlichen und administrativen Aufgaben Ihr neuer Mitarbeiter jeweils eigenständig oder in unterstützender Funktion wahrnehmen soll, und legen Sie fest, welche Erwartungen an die Aufgabenerfüllung Sie für die Einarbeitungsphase haben.

Informationsbedarf des Mitarbeiters ermitteln

Wenn Sie die Aufgabenliste und ersten Ziele für die Aufgabenerfüllung in der Einarbeitungszeit festgelegt haben, sollten Sie analysieren, welche Informationen der neue Mitarbeiter benötigt, um die Aufgaben erfolgreich bewältigen zu können.

Frei verfügbares
versus personen-
gebundenes
Wissen

Unterscheiden Sie dabei zwischen frei verfügbarem und personengebundenem Wissen. Frei verfügbares Wissen ist im Unternehmen bzw. der Abteilung allgemein zugänglich (z. B. im Rahmen von Dokumentationen, Datenbanken oder Intranetseiten). Beim personengebundenen Wissen handelt es sich dagegen um Spezialkenntnisse und Erfahrungswerte einzelner Mitarbeiter. Indem Sie die relevanten Know-how-Träger bestimmen, identifizieren Sie zugleich zentrale Ansprechpartner für den neuen Mitarbeiter.

Von diesen Überlegungen ausgehend können Sie für Ihre Aufgabenliste ein Inventar mit den erfolgsrelevanten Informationen und den zugehörigen Quellen erstellen.

Ansprechpartner des Mitarbeiters benennen

Damit Ihr neuer Mitarbeiter möglichst schnell handlungsfähig wird, ist es entscheidend, dass er die für seine Tätigkeit wesentlichen „Akteure" sowohl innerhalb des Unternehmens wie auch unternehmensextern kennen lernt und ein Netzwerk aufbaut. Aus der Ermittlung des Informationsbedarfs für den Einarbeitungsplan wissen Sie, mit welchen zentralen Know-how-Trägern der neue Mitarbeiter in Kontakt gebracht werden muss, um das erforderliche Wissen schnell aufzubauen. Darüber hinaus können Sie aus der Aufgabenliste für die Einarbeitungszeit diejenigen Kollegen bestimmen, mit denen der neue Mitarbeiter im Rahmen seiner Tätigkeit zusammen arbeiten wird (sowohl innerhalb des Teams bzw. der Abteilung als auch abteilungsübergreifend). Berücksichtigen Sie darüber hinaus wichtige externe Kontaktpersonen wie Kunden oder Zulieferer.

Erstellen Sie eine Übersicht der relevanten Ansprechpartner und informieren Sie die betreffenden Personen im Vorfeld über die Tätigkeitsaufnahme des neuen Kollegen. Insbesondere Kunden sollten rechtzeitig über Personalia, welche die direkte Zusammenarbeit betreffen, in Kenntnis gesetzt werden. Mit den Teamkollegen des neuen Mitarbeiters sollten Sie besprechen, wie diese optimal in die Einarbeitung eingebunden werden können.

Interne und externe Kontakte

> **Tipp:**
> Stellen Sie dem neuen Kollegen einen erfahrenen Mitarbeiter als festen Ansprechpartner und Mentor zur Seite. Der Mentor kann in fachlichen Fragen weiterhelfen, hilfreiche Kontakte vermitteln und bei kleineren Startschwierigkeiten mit Rat und Tat zur Seite stehen.

4.3.2 Den ersten Tag vorbereiten und gestalten

Der erste Tag im Unternehmen liefert einem neuen Mitarbeiter einen wesentlichen ersten Eindruck von seinem zukünftigen Arbeitsumfeld. Nach dem Auswahlprozess tritt jetzt der „Ernstfall" ein. Setzen Sie Ihre Personalarbeit professionell fort, indem Sie Ihrem neuen Kollegen das Gefühl geben, willkommen zu sein, und treffen Sie Vorkehrungen für eine lückenlose Betreuung.

Folgende Punkte sollten Sie im Rahmen der Vorbereitung beachten:

Formalia erledigen

- Sorgen Sie dafür, dass alle unternehmensinternen Formalitäten (z. B. Beantragen von Zugangsberechtigungen, Einrichten von E-Mail-Zugang und Telefon) rechtzeitig abgeschlossen sind und der neue Arbeitsplatz funktionsfähig eingerichtet ist.
- Checken Sie mit der Personalabteilung, ob alle wesentlichen Dokumente vorliegen.
- Stellen Sie sicher, dass der neue Mitarbeiter im Vorfeld über den genauen Starttermin informiert ist und weiß, zu welcher Uhrzeit er sich wo einfinden soll.
- Benennen Sie eine Kontaktperson, die den neuen Kollegen in Empfang nimmt.

Am ersten Arbeitstag sollten Sie sicherstellen, dass der neue Kollege pünktlich zur vereinbarten Zeit empfangen werden kann. Im Anschluss bieten sich einige Aktivitäten an, die im Zeichen des Kennenlernens von Arbeitsumgebung und Kollegen stehen:

- Stellen Sie den neuen Kollegen den Abteilungsmitgliedern persönlich vor.
- Sorgen Sie für eine Einweisung in den neuen Arbeitsplatz (Anmeldeverfahren im Firmennetzwerk, Funktionsweise der Telefonanlage, Beschaffung von Büromaterial, etc.).
- Arrangieren Sie zur besseren Orientierung einen Rundgang durch das Gebäude oder über das Firmengelände.
- Machen Sie den neuen Mitarbeiter mit Ansprechpartnern in den zentralen Stabsabteilungen bekannt (Personalabteilung, IT-Support, Materialausgabe, Konferenzservice etc.).
- Machen Sie Ihren Kollegen mit den grundlegenden allgemeinen Arbeitsroutinen vertraut (Zeiterfassung, Genehmigungsprozesse).

> **Tipp:**
>
> Bestimmen Sie einen Mitarbeiter aus dem neuen Team als „Paten", der die Einführung am ersten Tag übernimmt und bei den technischen oder administrativen Fragen weiterhelfen kann.
>
> Kleine Gesten mit großer Wirkung: Durch kleine Aufmerksamkeiten geben Sie zu verstehen, dass der neue Kollege herzlich willkommen ist. Überreichen Sie beispielsweise einen Blumenstrauß und halten Sie eine kurze Ansprache im Kreis der Kollegen.

Am ersten Tag sollten Sie Ihren neuen Kollegen nicht mit Informationen überfrachten. Geben Sie dem Mitarbeiter Zeit, damit er sich an seinem Arbeitsplatz einrichten kann. Als Vorbereitung auf die kommenden Aufgaben können Sie ein Informationspaket zusammenstellen, in das sich ihr neuer Kollege selbstständig einarbeitet. Checklisten können dabei helfen, die Komplexität zu reduzieren. Vereinbaren Sie außerdem zeitnah einen Termin, um den Einarbeitungsplan zu besprechen.

Informationsflut überschaubar halten

4.3.3 Neue Mitarbeiter durch die ersten Wochen begleiten

Für die erste Zeit im neuen Job ist es wichtig, dem Mitarbeiter klare Erwartungen mit auf den Weg zu geben, die wesentlichen Kontakte innerhalb und außerhalb des Unternehmens herzustellen und einen Einblick in die Fortschritte der Einarbeitung zu gewinnen.

Beginnen Sie mit der Besprechung des Einarbeitungsplans. Laden Sie den neuen Kollegen zu einem Vier-Augen-Gespräch ein und stellen Sie ihm die Aufgabenliste mit den relevanten Ansprechpartnern vor. Es hilft, wenn Sie eine Priorisierung der Aufgaben vornehmen und auf wechselseitige Abhängigkeiten hinweisen.

> **Beispiel:**
>
> Herr Müller beginnt als Mitarbeiter bei einem Zulieferer für die Automobilindustrie. In seiner neuen Rolle wird er vor allem mit einem bestimmten Einkäufer eines großen Kundenunternehmens zusammenarbeiten. Es ist bekannt, dass der Einkaufsleiter des Kundenunternehmens großen Wert darauf legt, die Kooperationspartner persönlich „auszuwählen". Herr Müller soll daher dem Einkaufsleiter zunächst persönlich vorgestellt werden, bevor er die Zusammenarbeit mit seiner Kontaktperson in der Einkaufsabteilung aufnimmt.

Gegenseitige Erwartungen klären

Nehmen Sie sich für die Besprechung des Einarbeitungsplans ausreichend Zeit, damit Ihr neuer Mitarbeiter genug Raum hat, offene Fragen zu klären. Erkundigen Sie sich auch nach der Meinung Ihres Gesprächspartners zu den Aufgabenstellungen und fragen Sie ihn, welche Bedenken er möglicherweise hat.

Das Ziel der Besprechung sollte sein:

- Der neue Mitarbeiter soll ein gutes Verständnis für die Herausforderungen der neuen Stelle gewinnen.
- Der neue Mitarbeiter soll die Erwartungen an seine Leistung kennen.

Kontakte anbahnen

Unterstützen Sie im Folgenden die Anbahnung von Kontakten zu den relevanten Ansprechpartnern des neuen Mitarbeiters. Insbesondere wichtigen Kontaktpersonen (z. B. Mitgliedern der Geschäftsführung oder Großkunden) sollten Sie den neuen Kollegen persönlich vorstellen. Sorgen Sie dafür, dass der Mitarbeiter möglichst frühzeitig auch an Meetings und Besprechungen teilnimmt. Selbst wenn er dabei zunächst keine aktive Rolle spielt, bekommt er wichtige Einblicke in sein Tätigkeitsfeld und die dazugehörigen interpersonellen Konstellationen.

Feedback einholen

Schließlich sollten Sie eine Plattform schaffen, um sich über den Verlauf der Einarbeitung auszutauschen. Vereinbaren Sie regelmäßige weitere Gesprächstermine und erkundigen Sie sich nach den Fortschritten aus der Sicht des Mitarbeiters. Holen Sie Feedback von den Ansprechpartnern des neuen Kollegen ein und halten Sie fest, welche Ziele und Erwartungen im Hinblick auf die Einarbeitungsphase bereits erreicht sind, bei welchen Aufgaben der Mitarbeiter auf einem guten Weg ist und in welchen Bereichen er eventuell noch gegensteuern muss.

Exkurs: Mitarbeitergespräche sicher führen

Jedes Mitarbeitergespräch erfordert eine besondere Vorbereitung. Es gibt jedoch allgemeine Regeln einer gelungenen Gesprächsführung, die für alle Mitarbeitergespräche gelten. In diesem Exkurs erhalten Sie einen Überblick über Vorbereitung, Regeln und typische Phasen eines erfolgreichen Mitarbeitergesprächs. Er dient Ihnen daher als Leitfaden für die Kapitel 5 bis 12, in denen die wichtigsten Mitarbeitergespräche behandelt werden.

So bereiten Sie das Mitarbeitergespräch vor

Erfolgreiche Mitarbeitergespräche erfordern eine sorgfältige organisatorische und inhaltliche Vorbereitung. Vor allem, wenn Sie das Gespräch nicht in Ihrer Muttersprache führen, ist es wichtig, dass Sie sich nicht nur inhaltlich, sondern auch sprachlich auf das Gespräch vorbereiten. Sprachliche Vorbereitung

Mitarbeitergespräche sollten für den Mitarbeiter keine Überraschung darstellen. Wenn der Mitarbeiter Gelegenheit hat, sich ausgiebig auf das Gespräch vorzubereiten, wird dies zu einem erfolgreichen Gespräch beitragen. Wichtig ist es weiterhin, auch den Anlass des Gespräches zu formulieren, um so mögliche Unsicherheiten des Gesprächspartners zu reduzieren. Verdeutlichen lässt sich diese Notwendigkeit anhand des folgenden Wortwechsels: Ankündigung des Gesprächs

> **Beispiel: Freitagabend gegen 19:30 Uhr**
> Herr Meier: „Sag mal, hast Du eigentlich schon das Gespräch mit Deinem Chef gehabt?"
> Frau Müller: „Welches Gespräch?"
> Herr Meier: „Oh, dann will ich nicht vorgreifen, schönes Wochenende."

73

Sorgen Sie für eine ruhige, störungsfreie Atmosphäre

Laden Sie den Mitarbeiter unter Angabe des Besprechungsthemas zu sich und sorgen Sie für eine ruhige und störungsfreie Atmosphäre. Ob die Einladung schriftlich oder mündlich zu erfolgen hat, hängt im Wesentlichen von Gesprächsanlass und Dringlichkeit ab: Während z. B. Entwicklungs- und Beurteilungsgespräche längerfristig zu planen sind und daher eine schriftliche Einladung geboten scheint, können kurzfristige Klärungstermine auch mündlich vereinbart werden.

Mitarbeitergespräche in einer Fremdsprache führen

Spielen Sie das Gespräch mental durch

Gerade wenn Sie das Gespräch nicht in Ihrer Muttersprache durchführen, ist es wesentlich, dass Sie sich im Vorfeld fragen, was vermutlich auf Sie zukommen wird und welche Themen besprochen werden. Spielen Sie die Dialoge in der verwendeten Fremdsprache durch und notieren Sie sich gegebenenfalls Vokabel- und Formulierungshilfen.

Siehe CD-ROM

> **Tipp:**
>
> Bereiten Sie Ihre englischen Mitarbeitergespräche mit diesem Ratgeber vor. Die Vokabellisten auf der CD-ROM sind auf die sprachlichen Anforderungen der unterschiedlichen Gesprächstypen angelegt.

Zum Abschluss der Gesprächsvorbereitung können Sie das Gespräch nochmals mental durchgehen, um festzustellen, ob Ihnen für jede Gesprächsphase auch die passenden Vokabeln und Formulierungen zur Verfügung stehen. Sie werden sehen: Wenn Sie viele Mitarbeitergespräche führen müssen, wird der Vorbereitungsaufwand sehr schnell deutlich abnehmen.

> **Tipp:**
>
> Laden Sie Ihren Mitarbeiter rechtzeitig unter Angabe des Gesprächsanlasses ein. Nur dann hat er die Gelegenheit, notwendige Informationen zusammenzustellen und sich vorzubereiten.
>
> Sorgen Sie für eine ruhige, störungsfreie Umgebung und kalkulieren Sie auch Zeit für die Angelegenheiten des Mitarbeiters ein.
>
> Bereiten Sie sich mental auf das Gespräch vor und identifizieren Sie vorab etwaige Vokabelunsicherheiten.

Drei Regeln für ein erfolgreiches Mitarbeitergespräch

Regel 1: Vermeiden Sie Verallgemeinerungen

Äußerungen wie „jedes Mal", „immer" oder „nie" haben die fatale Tendenz, Ihre wertvolle Aussage zu entkräften. Der Mitarbeiter wird unweigerlich nach Ausnahmen suchen und Ihnen diese präsentieren. Selbst wenn Ihr Kollege Meier im letzten Monat 19 Mal zu spät zur Arbeit erschienen ist, wird er die Aussage „Meier, immer kommen Sie zu spät!" nicht akzeptieren.

Immer ist nie richtig!

Regel 2: Formulieren Sie Lob und Kritik anhand von Beispielen

Sowohl Lob als auch kritisches Feedback sollten durch Beispiele konkretisiert werden. Ein allgemeines Lob könnte von Ihrem Mitarbeiter auch missverstanden bzw. nicht ernst genommen werden („Jetzt motiviert er wieder"). Auf eine allgemeine Kritik wird Ihr Mitarbeiter verständlicherweise mit der Bitte um Präzisierung reagieren („Woran machen Sie Ihre Kritik fest?").

Feedback sollte immer konkret sein

In beiden Fällen sollten Sie daher unbedingt präzise Anlass, Zeitpunkt und Umfang Ihres Feedbacks darlegen:

> **Beispiel:**
> Herr Meier, Frau Müller hat sich schriftlich über Ihr, wie sie es ausdrückt, beleidigendes Verhalten im Rahmen einer Beratung am 24. dieses Monats beschwert. Können Sie sich an den Vorfall erinnern?

Regel 3: Äußern Sie keine Vermutungen, sondern fragen Sie nach

Statt Vermutungen über das Verhalten eines Mitarbeiters anzustellen, sollten Sie wertschätzend nachfragen, was die Gründe für das Verhalten waren. In den allermeisten Fällen werden Sie feststellen, dass die Intention durchaus vernünftig war, auch wenn die Durchführung möglicherweise nicht optimal verlaufen ist. Wenn Sie als Führungskraft an die positive Absicht des Mitarbeiters anknüpfen, werden die Vereinbarungen leichter von Ihrem Mitarbeiter akzeptiert.

Erfragen Sie wertvolle Informationen

Acht Phasen eines Mitarbeitergesprächs

In einem Mitarbeitergespräch lassen sich typischerweise acht Gesprächsphasen unterscheiden:
1. Warm-up
2. Gesprächsziel
3. Ausgangssituation
4. Sicht des Mitarbeiters
5. Argumentation
6. Teilübereinstimmung
7. Vereinbarung
8. Cool Down

Im Folgenden werden die acht Gesprächsphasen kurz beschrieben. Sie dienen für Ihre Mitarbeitergespräche als Leitfaden. Achten Sie darauf, diese Phasen möglichst vollständig im Gespräch abzubilden. Viele Missverständnisse und Unklarheiten lassen sich direkt auf die Vernachlässigung eines dieser Phasen zurückführen. Selbstverständlich kann es vorkommen, dass einzelne Phasen mehrfach durchlaufen werden bis das Gesprächsziel erreicht wurde.

Phase 1: Warm-up

Gönnen Sie sich und dem Mitarbeiter ein Warm-up!

Die Warm-up-Phase wird oftmals vernachlässigt, auch wenn sie maßgeblich zur Atmosphäre des Gesprächs beiträgt. Fragen Sie zumindest nach dem Befinden des Gesprächspartners und sagen Sie, dass Sie sich über die Gelegenheit zum Austausch freuen. Idealerweise haben Sie sich wichtige Themen des Mitarbeiters gemerkt und können nun daran anknüpfen.

Tipp:

Planen Sie für das Warm-up etwas Zeit ein und hören Sie unbedingt gut zu. Sollte der Mitarbeiter (auch aufgrund Ihres Zeitdrucks) den Eindruck gewinnen, dass Sie dieses Vorgespräch als lästig empfinden, schlägt die positive Intention ins Gegenteil um.

Phase 2: Gesprächsziel

Die Wirkung vieler Gespräche bleibt vor allem deshalb aus, weil das gewünschte Gesprächsziel nur einem der Beteiligten wirklich klar war, nämlich (hoffentlich) demjenigen, der das Gespräch angeregt hat.

Die unterschiedlichen Mitarbeitergespräche, die in diesem Buch behandelt werden, haben völlig unterschiedliche Ziele. Ein frühes Ansprechen des Gesprächsziels dient nicht nur der Gesprächsstruktur und dem optimalen Erreichen der Ziele. Das frühe Ansprechen des Gesprächsziels wirkt auch dem Stress Ihres Gesprächspartners entgegen, der oft lange rätseln muss, auf was sein Chef hinaus will.

Benennen Sie das Gesprächsziel

Beispiel: Gesprächsziel

Herr Meier, ich möchte heute mit Ihnen über die Gründe und den Umgang mit Ihren Fehlzeiten sprechen und gemeinsam mit Ihnen eine Lösung festhalten.

Phase 3: Ausgangssituation

Ähnlich wie das Gesprächsziel, wird auch die Ausgangssituation gerne „unterschlagen", weil erwartet wird, dass diese vom Gesprächspartner genauso gesehen wird. Dies ist jedoch in den allermeisten Fällen nicht so. Schildern Sie daher Ihre Sicht der Dinge und beschreiben Sie, weshalb man sich zu einem Gespräch zusammensetzt. Das Gesprächsziel skizziert den gewünschten Gesprächsabschluss, während die Ausgangssituation die Rahmenbedingungen des Gesprächs beschreibt.

Wie erleben Sie die Ausgangssituation?

Falls unterschiedliche Sichtweisen bezüglich der Ausgangssituation vorliegen, so bietet dies eine sehr gute Klärungschance für beide Parteien.

Phase 4: Sicht des Mitarbeiters

Gerade bei Kritikgesprächen sollten Sie dem Gegenüber unbedingt die Möglichkeit anbieten, seine Sicht der Dinge darzulegen. „Wie haben Sie die Situation erlebt?" oder „Was war Ihnen hier wichtig?" Wertschätzende Fragen wie diese zeigen, dass man wirklich an einer Antwort interessiert ist.

Phase 5: Argumentation

Bei der Sicht des Gesprächspartners darf man nicht stehen bleiben, denn als Führungskraft haben Sie konkrete Zielvorstellungen und organisatorische Rahmenbedingungen, auf die Sie Rücksicht nehmen müssen. Nachdem Sie mittels offener Fragen oder aktivem Zuhören die Mitarbeiterperspektive erfragt haben, können Sie in dieser Gesprächsphase Ihre Argumente und Ihre Perspektive deutlich machen.

Phase 6: Teilübereinstimmung

Nicht nur bei konfliktreichen Gesprächen ist es wichtig, so genannte Teilübereinstimmungen festzustellen. Manchmal liegen die Perspektiven nicht so weit auseinander, wie es den Diskutanten erscheint. Sehr hilfreich ist es, einen gemeinsamen Bedarf oder gemeinsame Vorstellungen zu identifizieren und zu benennen.

Beispiel: Teilübereinstimmung

„Wenn ich Sie richtig verstanden habe, sind Sie der Auffassung, dass wir momentan die Zahl der Kundenbesuche nicht erhöhen sollten?"

„Ja, das sehe ich so."

„Aber Sie finden auch, dass wir insgesamt an unserer Kundenorientierung arbeiten müssen?"

„Absolut."

Phase 7: Vereinbarung

Bevor Sie das Gespräch beenden, sollten Sie unbedingt prüfen, ob Sie dem angestrebten Ziel näher gekommen sind oder nicht. Eine Vereinbarung oder Zusammenfassung der geplanten Maßnahmen kann hier sehr hilfreich sein.

Tipp:

Lassen Sie den Gesprächspartner zusammenfassen, welche Schritte nun folgen und wer hierfür verantwortlich ist. Wenn Sie den Eindruck gewinnen, dass diese Vereinbarung nicht dem entspricht, was besprochen wurde, können Sie hier nochmals Ihre Perspektive ansprechen und gegebenenfalls die entsprechenden Phasen erneut durchlaufen.

Phase 8: Cool-Down

Beim Cool-down schleichen sich oft zwei elementare Fehler ein: Entweder wird er ganz weggelassen oder man nutzt ihn, um erneut inhaltlich zu argumentieren.

Nutzen Sie in dieser Gesprächsphase die Möglichkeit, Abstand vom Gesagten zu gewinnen und das Gespräch in einer positiven Atmosphäre zu beenden. Der positive Gesprächsausklang trägt dazu bei, das Gesagte besser zu verarbeiten und dadurch nachhaltiger verfügbar zu haben.

Positives Gesprächsende

5 Zielvereinbarungen treffen

Sie erfahren in diesem Kapitel, wie Sie
- ein Zielvereinbarungsgespräch inhaltlich vorbereiten,
- verbindliche Zielvereinbarungen mit Ihren Mitarbeitern treffen und
- in unterjährigen Zielreviewgesprächen nachhalten können.

5.1 Überblick zum Vorgehen

Hier erfahren Sie übersichtlich zusammengefasst, wie Sie ein Zielvereinbarungsgespräch vorbereiten und durchführen. Weiterführende Informationen und Tipps finden Sie nach dem englischen Teil in Kapitel 5.3.

Siehe CD-ROM

Vorbereitung eines Zielvereinbarungsgesprächs (siehe auch Kapitel 5.3.1)	
Ableiten einzelner Zielbereiche aus den Unternehmenszielen	
Ziele des Mitarbeiters in der Unternehmensstrategie verankern	
Berücksichtigen der individuellen Stärken und Schwächen des Mitarbeiters	
Gesprächsablauf (siehe auch Kapitel 5.3.2)	
1. Schritt: Einladung und Information des Mitarbeiters	
2. Schritt: Zielformulierung nach den SMART-Kriterien	
3. Schritt: Zielerreichungskriterien festlegen	
4. Schritt: Unterstützende Maßnahmen vereinbaren	
5. Schritt: Vereinbarte Ziele schriftlich festhalten (Zielvereinbarungsprotokoll)	
Zielvereinbarungen nachhalten (siehe auch Kapitel 5.3.3)	
Unterjährige Gespräche vereinbaren	
Ggf. Zielanpassungen vornehmen	

5.2 Vocabulary, useful phrases and dialogues

In Kapitel 5.2 finden Sie Arbeitshilfen in englischer Sprache für die sprachliche Vorbereitung Ihrer Personalarbeit:

- eine Liste mit englischen Vokabeln, die Sie für ein Zielvereinbarungsgespräch benötigen
- eine Auswahl von typischen englischen Redewendungen („useful phrases")
- zwei Beispieldialoge in englischer Sprache

Die wichtigsten Vokabeln zu Kapitel 5	
einen Vorteil erringen	to gain leverage
erschöpfte Vorräte	depleted resources
auf der Tagesordnung	on the Agenda
in die Irre gehen, verloren gehen, abhanden kommen	to go astray, lose sight of
am Scheideweg stehen	to be at a crossroads
ausgeglichener Etat	balanced budget
Befristung	setting of a time limit
dafür/dagegen sein	to be in favor of/against it
Defekt	defect, flaw
den Termin einhalten	to meet the deadline/cut-off date
der Geschäftsinteressent	stakeholder
eine Entscheidung treffen	to reach/come to/make/take a decision
eine Entscheidung treffen	to arrive at/come to/ make/reach/take a decision
Einkauf	procurement
Engagement	commitment, involvement
Entscheider, Entscheidungsträger, Macher	decision-maker, the movers and shakers
Engagement	commitment, involvement

Siehe CD-ROM

Familienunternehmen	family business
Firmenphilosophie, Leitbild	mission statement
Geschäftsinhaber/in	proprietor/proprietress
Geschäftsinteressent	stakeholder
Gründer	founder
Herstellung	manufacturing, production
hochrechnen	to make a projection, prediction, estimate
in einer Linie/Richtung mit, im Einklang sein	in alignment/line with
In Zeitnot sein, unter Zeitdruck stehen	to be running out of time
interne Revision	internal auditing
kurz-/langfristig	short/long term/run
Mehrheitsbeschluss	consensus, unanimity, majority decision
Mittelstand	small/medium-sized enterprises (SME)
Mittel zuweisen	to allocate resources
Nutzen	return, profit
un/erreichbar	un/reachable, un/attainable, un/obtainable
untere/mittlere/obere Führungsebene	junior /middle/midlevel/senior/ top level management
Unternehmer	entrepreneur
unterwegs, in Vorbereitung sein	underway, in the pipeline, in hand
Vorlaufphase	lead time
Wachstum	growth
Zielvereinbarungen treffen	meeting/reaching/achieving set goals/objectives
Zweck	purpose

Siehe CD-ROM

useful phrases – Redewendungen zu Kapitel 5	
to bark up the wrong tree	auf dem Holzweg sein
to bawl someone out, tell someone off, give someone a dressing-down	jdn. Anschnauzen/zusammenstauchen, jdm. (mal) eine ordentliche Kopfwäsche verpassen
to be curtains for someone, blow someone out of the water	ein böses Ende nehmen
to break the news	die Nachricht beibringen
to butt heads over, be at loggerheads	aneinander geraten
to buy into something, be sold on (an idea)	an etwas glauben
to come up roses	erfolgreich verlaufen, gut werden
to get out of hand/control	außer Rand und Band geraten
to go to the wall/belly-up/bust	bankrott gehen
to pay lip service	ein Lippenbekenntnis ablegen
to put the kibosh	etwas vermasseln
to put up with	in Kauf nehmen
to speak your mind, not to pull any punches	offen seine Meinung sagen
to take a knock/hit	einen Tiefschlag erleben, erschüttert werden
to take a nosedive/tumble, go into a tailspin, plummet, free-fall	einbrechen
to race against the clock, run out of time	in Zeitnot sein, unter Zeitdruck stehen
to lose sight of	aus den Augen verlieren
to point the finger at, look for a scapegoat, find fault with, chastise	rügen, tadeln, einen Sündenbock suchen
to approve, authorize, give the go-ahead/clearance/consent, green-light/ok/permission	grünes Licht geben

to come to a stalemate/standoff/ standstill, to reach dead-lock/impasse, to grind to a halt	stecken bleiben
to carry the can, take the blame/rap	etwas ausbaden

Die Beispieldialoge vermitteln Ihnen einen lebendigen Eindruck, wie ein Zielvereinbarungsgespräch in englischer Sprache ablaufen könnte. Der erste Dialog gibt ein Negativ-Beispiel, was in dem Zielvereinbarungsgespräch typischerweise schief gehen könnte. Der zweite Dialog zeigt einen gelungenen Gesprächsverlauf. Vielleicht sind Ihnen bestimmte Ausdrücke oder Redewendungen aus dem Dialog unbekannt. Dann helfen Ihnen die Vokabelliste und die Sammlung von Redewendungen.

Beispieldialog: Wenn es schief läuft ...

Tony Bradley (CEO): Alvin, can you remind me the goal we set ourselves at the beginning of this year?

Alvin Talon (head of R&D): Well, let me see ... I remember we butted heads over how to ratchet up our market share. We formulated a hybrid strategy of diversification and specialization.

Tony: Bravo! And to achieve that strategy we concluded that unless you step up innovation in your department, this course of action will remain a non-starter. Or were you only paying lip service when you agreed to take the necessary steps for the success of that strategy?

Alvin: I didn't really have to the opportunity to speak my mind back then. Why is it me who always has to carry the can? It's Production's fault that things got out of hand and we had to scrap the entire design. The subsequent process reengineering set us back by four months.

Tony: As if I wasn't aware of that! I'm sorry to break the news to you, but R&D has also exceeded its allocated budget, which had nothing to do with the hard knock sales took. We completely lost market share to our competitors, not to mention our stock which has taken a nosedive and our cash flow which has come to a standstill.

Alvin: You're obviously barking up the wrong tree; if you recall, Tony, it was you who never bought into the idea of innovation. We couldn't carry out a full-scale remodelling of the product simply because you copped out and put the kibosh on the project.

Tony: You don't really expect this sorry excuse to wash with me, do you? You missed your wakeup call, buddy, and if you don't start plugging away at it, it's curtains for you!

Alvin: At least I won't have to put up with you bawling me out all the time when this company goes to the wall.

Tony: And I won't have to put up with your chronic underperformance!

Beispieldialog: So machen Sie es richtig ...

Tony Bradley (CEO): Remember what we agreed on last time we met?

Alvin Talon (head of R&D): Look, Tony, it has been a difficult quarter for all of us.

Tony: To say the least. Having said that, you know how much I value innovation as a key factor for our success in the sector.

Alvin: I understand. The good news is that our new project is coming up roses. We redesigned the product to offset the adverse effects caused by the material we had been using.

Tony: Marvellous. When can we see the redesigned product rolling out of the assembly line?

Alvin: Josh Clarion from procurement has already ordered the raw materials. Our lead time is approximately two months, so we should have the new product phasing in before the end of the year.

Tony: Way to go! If we all pull together and race against the clock we might just be able to recoup any accrued losses toward the end of next quarter. Keep up the good work!

5.3 Konkrete Anleitung zum Vorgehen

Zielvereinbarungen können ein wirkungsvolles Instrument für die Mitarbeitermotivation sein. Durch das aktive Einbeziehen des Mitarbeiters in den Zielfindungsprozess erhöhen Sie die Akzeptanz der getroffenen Vereinbarungen.

Zielvereinbarungen als Führungsinstrument

Das Vereinbaren von Zielen für einen definierten Zeitraum im Dialog zwischen Vorgesetztem und Mitarbeiter stellt ein wichtiges Führungsinstrument dar. Anspruchsvolle und erreichbare Ziele liefern dem Mitarbeiter einen Orientierungsrahmen im Hinblick auf die Erwartungen an seine persönliche Arbeitsleistung und vermitteln, in welchem Zusammenhang diese zum Gesamterfolg des Unternehmens steht.

5.3.1 Zielvereinbarungsgespräche vorbereiten

Unterstützende Maßnahmen vereinbaren

Eine sinnvolle Zielvereinbarung kommt dem Gesamterfolg des Unternehmens zugute. Sie setzt dabei auf der Ebene des einzelnen Mitarbeiters an. Damit die Zielvereinbarung nicht zum Selbstzweck wird, sondern der damit verbundene Aufwand einen echten Nutzen bringt, sollten im Vorfeld des Zielvereinbarungsgesprächs ein paar Überlegungen angestellt werden. So ist es wichtig, Ziele so zu definieren, dass sie zur strategischen Marschrichtung des Gesamtunternehmens passen. Indem der Bezug zur Unternehmensstrategie hergestellt wird, ergibt sich für den einzelnen Mitarbeiter direkt die Sinnhaftigkeit des entsprechenden Ziels, was wiederum eine wesentliche Voraussetzung für ein motiviertes Arbeiten an der Umsetzung der Vereinbarung darstellt. Um eine gute Zielerreichung auf der Ebene des einzelnen Mitarbeiters zu gewährleisten, sollten schließlich auch dessen individuelle Stärken und Interessen berücksichtigt werden.

Im Folgenden finden Sie einige Anregungen zur inhaltlichen Vorbereitung des Zielvereinbarungsgesprächs.

Ableiten einzelner Zielbereiche aus den Unternehmenszielen

Orientierung an der Unternehmensstrategie

Individuelle Ziele sollten nach Möglichkeit in die Zielhierarchie des Unternehmens eingebettet sein. Dabei werden Zielvereinbarungen auf einer hierarchischen Ebene aus den Zielen der jeweils höhergestellten Ebene abgeleitet. Die Unternehmensstrategie wird somit über alle hierarchischen Ebenen bis auf den einzelnen Mitarbeiter heruntergebrochen. Der Mitarbeiter trägt dann dazu bei, die Abteilungsziele zu erreichen, das Erreichen der Abteilungsziele ermöglicht das Erreichen der Bereichsziele und diese wiederum die Umsetzung der Unternehmensstrategie.

Beispiel:

Ein Unternehmen möchte sich mittelfristig als Marktführer für ein bestimmtes Produkt etablieren (strategische Ausrichtung). Die Umsetzung über die verschiedenen Hierarchieebenen unterschiedlicher Unternehmensbereiche könnte folgende Zielsetzungen umfassen:

- Es wird eine Erhöhung des aktuellen Marktanteils (um x %) angestrebt (Ziel Ebene I).

- Dies soll über eine Verbesserung des Kundenservice (Ziel Ebene II) und das Angebot eines attraktiven Rabattprogramms (Ziel Ebene II) erzielt werden.

- Die Verbesserung des Kundenservice wiederum soll über die Einführung einer abteilungsübergreifend einheitlichen Servicedatenbank (Ziel Ebene III) und die Verringerung der Bearbeitungszeiten von Kundenanfragen im Call Center (Ziel Ebene III) erfolgen.

Im Hinblick auf die Einführung der neuen Servicedatenbank könnten einzelne Mitarbeiter sich nun damit beschäftigen, die Anforderungen an den Informationsbedarf sowie die notwendigen Schnittstellen zu anderen Abteilungen zu definieren, passende Angebote für Datenbanklösungen einzuholen, die Implementierung zu begleiten und die Qualitätskontrolle sicherzustellen (mögliche Ziele auf Mitarbeiterebene).

Wenn Sie ein Zielvereinbarungsgespräch vorbereiten, sollten Sie sich also klar machen, welche Ziele im Hinblick auf den Unternehmenserfolg Sie in Ihrem Verantwortungsbereich erreichen wollen und welchen Beitrag Ihre Mitarbeiter dabei leisten können. Zudem haben Ihre Mitarbeiter unterschiedliche Stärken und Schwächen, die Sie in Ihre Überlegungen, welche Ziele Sie mit welchem Mitarbeiter besprechen wollen, einbeziehen sollten.

Unternehmensziele im Überblick

Grundsätzlich lassen sich drei Arten von Zielen unterscheiden:

- **Wachstumsziele** dienen der Erreichung eines positiveren Zustandes (z. B. Umsatzsteigerung, Kostensenkung).
- **Erhaltungsziele** dienen der Sicherung des Status Quo (z. B. Behauptung von Marktanteilen bei verschärftem Wettbewerb).
- **Gestaltungsziele** dienen der Umsetzung von wichtigen Veränderungsmaßnahmen (z. B. betriebliche Reorganisation oder Übernahmen bzw. Fusionen).

Kompetenzziele zur Mitarbeiterentwicklung

Stehen die Ziele in unmittelbarem Zusammenhang mit der Aufgabenerfüllung eines Mitarbeiters im betrieblichen Kontext spricht man von **operativen Zielen**. Zielvereinbarungen können sich aber auch auf die persönliche und berufliche Weiterentwicklung des Mitarbeiters beziehen. Solche **kompetenzbezogenen Ziele** (z. B. gezielter Aufbau erfolgskritischer Fähigkeiten wie Kommunikationskompetenz oder Präsentationsverhalten) erfüllen eine wichtige Personalentwicklungsfunktion und sollten daher bei den individuellen Zielvereinbarungen ebenfalls berücksichtigt werden.

5.3.2 Zielvereinbarungsgespräche durchführen

1. Schritt: Einladung und Information des Mitarbeiters

Rechtzeitige Einladung des Mitarbeiters

Das Zielvereinbarungsgespräch sollte für Ihren Mitarbeiter nicht überraschend kommen. Sorgen Sie dafür, dass Ihr Mitarbeiter rechtzeitig über den Termin informiert ist, und geben Sie ihm die Möglichkeit, sich seinerseits vorzubereiten. Informieren Sie ihn über die Zielbereiche, die Sie im Gespräch thematisieren wollen. Bitten Sie ihn, seine Sicht zu diesen Themen einzubringen und darüber hinaus auch eigene Ideen vorzutragen. Während der Vorgesetzte im Gespräch vor allem aus der Managementperspektive agiert, verfügt der Mitarbeiter über eine Vielzahl von Erfahrungen und Informationen aus seinem Arbeitsalltag, die für die Zielerreichung im Sinne des Unternehmens nutzbar gemacht werden können.

> **Tipp:**
> Nehmen Sie sich ausreichend Zeit für das Zielvereinbarungsgespräch. Beginnen Sie mit einem Ausblick der aus Ihrer Sicht wesentlichen Aufgaben in Ihrem Verantwortungsbereich für den Zeitraum der zu treffenden Zielvereinbarungen. Hier kann es hilfreich sein, gegebenenfalls auch Ihre eigenen Ziele transparent zu machen. Erläutern Sie die Hintergründe des Zielgesprächs.

Mitarbeiterperspektive berücksichtigen

Erklären Sie Ihrem Mitarbeiter, in welcher Rolle Sie ihn dabei sehen und welche Ziele Sie sich für ihn vorstellen könnten. Bevor Sie zur Klärung der Details kommen, fragen Sie Ihren Mitarbeiter offen nach seiner Meinung. In welchen Bereichen stimmt er mit Ihnen überein? Wo ist er anderer Ansicht und welche Ideen bringt er gegebenenfalls zusätzlich ein? Achten Sie darauf, dass auch die Kompetenzentwicklung Ihres Mitarbeiters berücksichtigt wird.

Anschließend sollten Sie eine Priorisierung der Themen zur Ausformulierung der Zielvereinbarungen vornehmen. Achten Sie darauf, die Anzahl der Ziele überschaubar zu halten. Die Zielvereinbarungen sollen nicht das gesamte Tagesgeschäft abbilden, sondern wichtige Aufgaben besonders hervorheben. Es hat sich in der Praxis bewährt, insgesamt nicht mehr als fünf Ziele zu vereinbaren. Letztlich haben Sie als Führungskraft die Entscheidungshoheit. Sie sollten jedoch darauf achten, dass Sie nicht willkürlich auftreten. Falls Sie bei bestimmten Themen keinen Konsens mit Ihrem Mitarbeiter erzielen können, sollten Sie entsprechend Ihrer Führungsrolle konsequent aus der Unternehmensperspektive argumentieren, um Ihren Standpunkt darzulegen.

Themen priorisieren

2. Schritt: Zielformulierung nach den SMART-Kriterien

Der nächste Schritt besteht darin, die einzelnen Zielvereinbarungen inhaltlich auszuformulieren. Dabei ist es wichtig, dass Vorgesetzter und Mitarbeiter ein einheitliches Verständnis entwickeln, was genau bis wann zu leisten ist und anhand welcher Kriterien der Erfolg der Zielerreichung beurteilt werden kann. Als Faustregel können Sie die **SMART**-Kriterien heranziehen. Ziele sollten

- **S**pezifisch (klar und verständlich)
- **M**essbar (bewertbar im Hinblick auf den Zielerreichungsgrad anhand konkreter Kriterien)
- **A**kzeptabel (passend zu Profil und Aufgaben)
- **R**ealistisch (erreichbar im Hinblick auf Zeit, Budget und Qualität)
- **T**erminiert (mit einem Zeitpunkt für die Zielerreichung)

formuliert werden.

Beispiel:

Das Protokoll einer Zielvereinbarung für einen Anwendungsentwickler nach den SMART-Kriterien:

Zielbezeichnung: Einführung einer benutzerfreundlichen Dateneingabemaske für die elektronische Reisekostenabrechnung im Unternehmen

Endtermin: 31.12.

Zielbeschreibung und Kriterien: Im benannten Zeitraum soll eine benutzerfreundliche Eingabemaske zur effizienteren Datenverarbeitung innerhalb des bestehenden Reisekostenabrechnungssystems entwickelt werden. Folgende Schritte wurden vereinbart:

- Analyse des Datenflusses und Spezifikation der Anforderungen an die Dateneingabe
- Entwicklung eines Konzepts zur Komplexitätsreduktion der Dateneingabe
- Sicherstellen der technischen Umsetzung des Konzepts
- Überführen der neuen Eingabemaske in den laufenden Betrieb

Die **Beurteilung der Zielerreichung** zum Endtermin könnte folgendermaßen aussehen:

Das Ziel wurde voll erreicht. Die Konzeption war umfassend und analytisch korrekt. Die Eingabemaske wurde termingerecht eingeführt. Eine systematische Evaluation ergab eine wesentliche Verringerung des Zeitaufwands bei der Dateneingabe.

3. Schritt: Zielerreichungskriterien festlegen

Nicht bei allen Zielen lässt sich der Erreichungsgrad quantitativ anhand von Kennzahlen messen. Definieren Sie in diesen Fällen qualitative Kriterien anhand derer Sie beurteilen können, ob das Ziel voll erfüllt wurde oder ob die Zielerreichung hinter den Erwartungen zurückgeblieben ist (oder diese übertroffen hat). Beziehen Sie Ihren Mitarbeiter in die Definition geeigneter Kriterien ein.

4. Schritt: Unterstützende Maßnahmen vereinbaren

Besprechen Sie mit Ihrem Mitarbeiter, welche Formen der Unterstützung beim Umsetzen der Zielvereinbarung benötigt werden (z. B. Budget für den Einkauf externer Beratungsleistungen oder die Anschaffung neuer Software). Prüfen Sie gemeinsam, ob geeignete Maßnahmen in die Vereinbarung aufgenommen werden können.

5. Schritt: Vereinbarte Ziele schriftlich festhalten

Zielvereinbarungsprotokoll

Halten Sie abschließend die Zielvereinbarungen schriftlich fest und lassen Sie dem Mitarbeiter im Anschluss an das Gespräch eine Kopie der ausformulierten Ziele zukommen.

Achtung:

In einem Zielvereinbarungsgespräch werden Ziele *vereinbart*. Es geht nicht darum, Ziele von oben nach unten zu vorzuschreiben. Achten Sie darauf, dass Sie nicht bloß Aufgaben verteilen: Es sollte klargestellt sein, was in welchem Umfang und in welchem Zeitrahmen erreicht werden soll. Minutiöse Vorschriften, auf welche Weise ein Ziel genau zu erreichen ist, beschneiden die Eigenverantwortung des Mitarbeiters und können äußerst demotivierend wirken.

5.3.3   Zielvereinbarungen nachhalten

Eine umsichtig getroffene Vereinbarung bildet die Grundlage für das Erreichen unternehmerischer Ziele. Um die Zielerreichung optimal abzusichern bietet es sich an, deren Fortschritt in regelmäßigen Abständen mit dem Mitarbeiter zu besprechen. Vereinbaren Sie zu diesem Zweck unterjährige Gesprächstermine, bei denen Sie sich über den aktuellen Stand der Zielerreichung informieren.

Unterjährige Gespräche vereinbaren

Beispiel:

In vielen Unternehmen wird die Zielerreichung nach Ablauf eines Jahres im Mitarbeitergespräch beurteilt. Zusätzlich findet ein halbes Jahr nach dem Zielvereinbarungsgespräch ein Mid-year Review statt.

Sind die vereinbarten Zwischenziele erreicht? Wird der Zeitplan voraussichtlich eingehalten? Sollten sich wesentliche Abweichungen ergeben, die eine Untererfüllung des jeweiligen Ziels absehbar machen, sollten Sie gemeinsam mit Ihrem Mitarbeiter auf Ursachensuche gehen. Liegt es einfach am fehlenden Engagement des Mitarbeiters oder haben sich wichtige Rahmenbedingungen, die wesentlichen Einfluss auf die Zielerreichung haben, geändert? In letzterem Fall ist zu überlegen, ob die Zielformulierung an die veränderten Umstände angepasst werden sollte oder ob das Ziel vielleicht sogar ganz aufzugeben und eventuell eine neue Zielvereinbarung sinnvoll ist.

Zielanpassungen vornehmen

6 Die Weiterbildung des Mitarbeiters fördern

Sie erfahren in diesem Kapitel,

- welche Entwicklungsmaßnahmen Sie zur Weiterbildung Ihrer Mitarbeiter nutzen können,
- wie Sie in einem Entwicklungsgespräch zielführende Maßnahmen einleiten und
- einen verbindlichen Entwicklungsplan aufstellen.

6.1 Überblick zum Vorgehen

Hier erfahren Sie übersichtlich zusammengefasst, wie Sie die Weiterbildung und Qualifzierung Ihrer Mitarbeiter fördern können. Weiterführende Informationen und Tipps zum Weiterbildungsmanagement finden Sie nach dem englischen Teil in Kapitel 6.3.

Siehe CD-ROM

Übersicht über mögliche Weiterbildungsmaßnahmen (siehe Kapitel 6.3.1)	
Art der Weiterbildungsmaßnahme festlegen:	
• Weiterbildungsmaßnahmen „on the job" bzw. „near the job"	
• Weiterbildungsmaßnahmen „off the job"	
Ablauf eines Entwicklungsgesprächs (siehe auch Kapitel 6.3.2)	
Weiterbildungsbedarf mit dem Mitarbeiter erarbeiten:	
1. Schritt: Rückblick auf die bisherige berufliche Entwicklung	
2. Schritt: Standortbestimmung – Wo steht der Mitarbeiter heute?	
3. Schritt: Zukünftige Anforderungen festlegen	
Gesprächsabschluss (siehe auch Kapitel 6.3.3)	
Ergebnisse des Gesprächs im Entwicklungsplan festhalten	
Dem Mitarbeiter eine Kopie des Entwicklungsplans aushändigen	

6.2 Vocabulary, useful phrases and dialogues

In Kapitel 6.2 finden Sie Arbeitshilfen in englischer Sprache für die sprachliche Vorbereitung Ihrer Personalarbeit:

* eine Liste mit englischen Vokabeln, die Sie für ein Entwicklungsgespräch benötigen
* eine Auswahl von typischen englischen Redewendungen („useful phrases")
* zwei Beispieldialoge in englischer Sprache

Die wichtigsten Vokabeln zu Kapitel 6	
Anwesenheit	attendance
Arbeiterschaft	workforce, personnel (manpower)
Auffrischungs-/ Wiederholungskurs	refresher course
ausgenommen	exempt
Beglaubigungsschreiben, Berechtigungsnachweis, Bescheinigung	credentials
Berater, Referent	advisor, consultant
Berufsausbildung	vocational training
berufsbegleitende/ innerbetriebliche Fortbildung	in-service training
Betreuung, Beratung	counseling
Disponent, Materialbedarfsplaner	Material Requirements Planner (MRP)
durchfallen	to drop out
eine Prüfung bestehen	pass an exam
durch eine Prüfung fallen	to fail/flunk an exam
Einstufungstest	placement test
Erfüllung	self-fulfillment

Siehe CD-ROM

Fernstudium	distance learning
Fort-/Weiterbildung	further/continuing education
Fortschritt	progress
Hochschulbildung/ akademischer Werdegang	higher/tertiary education
in etwas führend sein	to be at the forefront/ leading/bleeding edge
Intensivkurs	crash/intensive course
lebenslanges Lernen	lifelong learning, non-formal education
Persönlichkeitsentwicklung	personal development, self-growth
sachkundig	knowledgeable
Schwachstellenanalyse	weak-point analysis
selbstständiges Lernen	autonomous learning
Selbstverwirklichung	self-actualization
Selbstwertgefühl	self-esteem
Seminar, Tagung	workshop
Seminarleiter	facilitator
Studiengebühr	tuition fee
über-/unterqualifiziert	over-/underqualified
Umschulung	retraining
un/entschuldigte Abwesenheit	un/excused absence
untauglich, unzulässig	in/eligible
Verfügbarkeit	availability
verpflichtend	obligating, required
Vertrauen	confidence
zertifiziert	certified, accredited, qualified

Siehe CD-ROM

useful phrases – Redewendungen zu Kapitel 6	
to be caught off guard/unprepared/with your pants down, to be thrown off balance	auf dem falschen Fuß erwischt werden/jdn. kalt erwischen
to bear/keep in mind	beachten, berücksichtigen
to cut class, play hooky/truant, skive	krank feiern, blaumachen, schwänzen
to find a middle ground	ein Kompromiss finden
to have a soft spot for	eine Schwäche für etwas haben
to put your mind to something, to be bound and determined/ single-minded	sich etwas in den Kopf setzen, zielstrebig sein
to sweep under the rug	unter den Teppich kehren/ vertuschen
to take to heart, take stock of	etwas beherzigen/ sich etwas zu Herzen nehmen
to take your word for it,	jdm. aufs Wort glauben, jdn. beim Wort nehmen
to talk turkey, cut to the chase, not beat around the bush	Tacheles reden
to toe the line	sich einfügen, spuren
to twist your arm, coerce	jdn. zu etwas überreden/nötigen
to win someone over, persuade, coax, convince, rope in, talk into	jdn. überzeugen

Die Beispieldialoge auf den folgenden Seiten vermitteln Ihnen einen lebendigen Eindruck, wie ein Mitarbeitergespräch zum Thema Weiterbildung ablaufen könnte. Der erste Dialog gibt ein Negativ-Beispiel, was in dem Gespräch typischerweise schief gehen könnte. Der zweite Dialog zeigt einen gelungenen Gesprächsverlauf. Wenn Ihnen bestimmte Ausdrücke unbekannt sind, helfen Ihnen die Vokabelliste und die Sammlung von Redewendungen.

Beispieldialog: Wenn es schief läuft ...

Josh Clarion (MRP): Good morning, Regina, you wanted to see me.

Regina Breuer (HR specialist): Morning, Mr. Clarion. Yes, please have a seat.

Josh: What was it that you wanted to see me about?

Regina: I'll get straight to the point. You probably remember that when you arrived here we had a lively discussion and we agreed that as long as you're here, you must work on your German.

Josh: That's right. And I have made a considerable progress. I have no problem communicating in German.

Regina: Wann haben Sie zum letzten Mal am Deutschunterricht teilgenommen?

Josh: Pardon?!

Regina: I was asking, when was it the last time you took part in a German lesson?

Josh: Oh, sorry, your question didn't come clearly through your thick Saxon accent.

Regina: I'm actually from Rhineland-Palatinate.

Josh: That was what I meant – I'm always confusing those two cities.

Regina: Mr. Clarion, let's talk turkey: Your German sucks! And that's something we're not willing to sweep under the rug and pretend it's business as usual!

Josh: OK, I confess, you caught me with my pants down. But anyway everyone who counts in this company can speak some English.

Regina: Keep in mind that the corporate language is German. You are going to have to toe the line, mister!

Josh: I'm an engineer – I'm a left-brain person. My line of work doesn't require me to be communicative or to possess people skills. You can lead a horse to water, but you can't make him drink. Simply put: you can't twist my arm and make me learn your outdated language.

Regina: Is that your final answer? Mr. Clarion, under such circumstances you leave me no choice but to tell you off like a little school kid: It's our way or the highway!

Josh: You mean the Autobahn, right?

Beispieldialog: So machen Sie es richtig ...

Regina Breuer (HR specialist): Josh, maybe we weren't clear enough about your learning objectives. You see, we want you to be able to handle presentations in German and take active part in meetings in German. Tell me, when was it the last time you met with your language tutor?

Josh Clarion (MRP): You mean Amelia Watts? We met more than two weeks ago. But I don't feel I've made any progress...

Regina: You can't expect to make any progress unless you really put your mind to it and meet your tutor at least twice a week.

Josh: Twice a week?! You can't be serious! I'm already overwhelmed with work. I can't even set aside time for my beloved horses.

Regina: I know that you have a soft spot for your equestrian companions, but time is a commodity we're never going to have enough of. I can't possibly overstate the importance of talking to our customers in German. At the end of the day, this translates into hard cash.

Josh: You've won me over – this is an argument I can't ignore.

Regina: I'm glad you could take it to heart. Look, we must find a middle ground to settle this issue, but taking half-measures is out of the question. Let me see ... Will you be interested in an intensive course?

Josh: That sounds doable, as long as the duration of the course counts as work time.

Regina: It shouldn't be a problem. I'll check with your secretary the exact dates you're available for such a course.

Josh: Swell! Shall we shake on it?

6.3 Konkrete Anleitung zum Vorgehen

Gut qualifizierte und motivierte Mitarbeiter sind ein wesentlicher Faktor für nachhaltigen Unternehmenserfolg. Insbesondere vor dem Hintergrund der zunehmenden Dynamik der Märkte gilt es, den Wissensstand und das Leistungsniveau der Belegschaft laufend zu aktualisieren. Auf der Ebene des einzelnen Mitarbeiters bedeutet dies, die individuellen Qualifikationen und Fähigkeiten mit den jeweiligen Anforderungen und Chancen abzugleichen. Einem gezielten Weiterbildungsmanagement mit dem Ziel, den Mitarbeiter auf aktuelle und zukünftige Anforderungen optimal vorzubereiten, kommt daher eine entscheidende strategische Bedeutung zu. Wenn diese Vorbereitung unter Berücksichtigung individueller Stärken und Interessen erfolgt, kann eine gezielte Weiterbildungsmaßnahme gleichzeitig auch ein effektives Instrument zur Steigerung der Motivation sein.

6.3.1 Welche Weiterbildungsmaßnahmen gibt es?

Interne versus externe Maßnahmen

Zur Weiterqualifizierung von Mitarbeitern steht Ihnen eine Vielzahl an Maßnahmen zur Verfügung. Die Auswahl geeigneter Angebote richtet sich nach der Zielsetzung, die mit der Durchführung der Maßnahme realisiert werden soll. Grundsätzlich lassen sich unternehmensinterne Maßnahmen, die einen direkten Bezug zum Arbeitsplatz haben („on the job") oder arbeitsplatznah („near the job") durchgeführt werden, von externen Maßnahmen („off the job") unterscheiden. Die folgende Tabelle bietet Ihnen einen Überblick über die wichtigsten Weiterbildungsmaßnahmen.

Weiterbildungsmaßnahmen „on the job" bzw. „near the job"	
Unterweisung am Arbeitsplatz	Fachliche Anleitung, z. B. durch erfahrene Kollegen
Job rotation	Systematischer Wechsel des Arbeitsplatzes mit dem Ziel, ein besseres Gesamtverständnis von Arbeitsabläufen zu erhalten
Job enlargement und job enrichment	Übertragung zusätzlicher Aufgaben bzw. qualitative Aufwertung der Tätigkeit durch die Übertragung zusätzlicher Verantwortung oder Entscheidungsspielräume
Einsatz als Stellvertreter	Heranführen an weiterführende Fach- und Führungsaufgaben durch zeitweises Wahrnehmen der entsprechenden Tätigkeiten
Projektarbeit	Gezielte Einsätze in wechselnden Teams mit unterschiedlichen Aufgabenstellungen
Mentoring	Förderung durch die feste Zuordnung eines internen Ansprechpartners
Coaching	Unterstützung durch professionelle Berater

Weiterbildungsmaßnahmen „off the job"	
Trainings und Seminare	Gezielter Aufbau von Fachwissen und überfachlichen Fähigkeiten (z. B. Kommunikationskompetenz oder Führungsverhalten)
Fachtagungen, Vorträge und Kongresse	Wissensvermittlung durch Fachleute
Planspiele	Simulation berufsbezogener Situationen zur Einübung und Analyse erfolgskritischen Arbeitsverhaltens
Mitgliedschaft in professionellen Netzwerken	Erfahrungsaustausch unter Fachkollegen
Berufsbegleitende Qualifizierungsprogramme	Erwerb von Zusatzqualifikationen (z. B. Fernstudiengänge, MBA-Programme)

Um die berufliche Entwicklung Ihrer Mitarbeiter gezielt planen zu können, sollten Sie sich die Frage stellen, welche Anforderungen in Ihrem Tätigkeitsfeld kurz-, mittel- und langfristig zu erfüllen sind. Aus dem Abgleich der Ist- und Sollqualifikationen können Sie dann geeignete Maßnahmen ableiten und identifizierte Lücken schließen. Nutzen Sie die Möglichkeit eines Entwicklungsgesprächs mit Ihrem Mitarbeiter, um konkrete Schritte zur beruflichen Weiterbildung zu vereinbaren.

Kurz-, mittel- und langfristige Planung

6.3.2 Entwicklungsgespräche durchführen

Das Ziel des Entwicklungsgesprächs ist es, im offenen Dialog den Weiterbildungsbedarf Ihres Mitarbeiters zu erarbeiten und eine geeignete Maßnahmenplanung vorzunehmen. Indem Sie Ihren Mitarbeiter aktiv einbeziehen, erreichen Sie eine hohe Akzeptanz für die getroffenen Vereinbarungen und fördern dessen Motivation.

1. Schritt: Rückblick auf die bisherige berufliche Entwicklung

Reflexion der bisherigen Entwicklung

Beginnen Sie das Gespräch mit einem Rückblick auf die bisherige berufliche Entwicklung Ihres Mitarbeiters. Beziehen Sie dabei sowohl den Aufbau von Fachwissen als auch überfachliche Kompetenzen mit ein.

Beispiel:

Besprechen Sie mit Ihrem Mitarbeiter, welche Aufgaben er in seinem bisherigen Werdegang in Ihrem Unternehmen wahrgenommen hat. Um den Entwicklungsverlauf zu reflektieren, können folgende Fragen hilfreich sein:

• Wie waren sein Wissensstand und sein Fähigkeitsniveau zum Zeitpunkt des Eintritts in Ihr Unternehmen bzw. des letzten Entwicklungsgesprächs oder vor einem Jahr ausgeprägt?
• Welche Weiterbildungsmaßnahmen hat er bisher durchlaufen?
• Welche Fortschritte hat er erzielt?

2. Schritt: Standortbestimmung – Wo steht der Mitarbeiter heute?

Standortbestimmung

Ausgehend von der rückblickenden Betrachtung der beruflichen Entwicklung, können Sie dann gemeinsam eine Standortbestimmung des aktuellen Qualifikationsniveaus vornehmen. Diskutieren Sie dazu die Stärken und Schwächen Ihres Mitarbeiters.

Beispiel:

Erörtern Sie gemeinsam mit Ihrem Mitarbeiter folgende Punkte:

• Mit welchen Situationen kann Ihr Mitarbeiter besonders gut umgehen?
• Welche besondere Expertise besitzt er?
• In welchen Situationen fühlt er sich noch eher unsicher, wo besteht Entwicklungsbedarf?
• Welche Wissenslücken sollten geschlossen werden?

3. Schritt: Zukünftige Anforderungen festlegen

Besprechen Sie anschließend, welche zukünftigen Anforderungen im Aufgabenbereich Ihres Mitarbeiters zu erwarten sind. Klären Sie, inwieweit er den resultierenden Veränderungen gewachsen ist und in welchen Bereichen Handlungsbedarf besteht. Indem Sie die Entwicklungsanforderungen mit dem individuellen Stärken-Schwächen-

Profil Ihres Mitarbeiters abstimmen, können Sie geeignete Weiterbildungsmaßnahmen ableiten. Berücksichtigen Sie dabei nach Möglichkeit auch persönliche Interessen und Neigungen Ihres Mitarbeiters. Fragen Sie ihn nach konkreten eigenen Vorschlägen zur Verbesserung seiner Kompetenzen und wie diese umgesetzt werden können. Letztlich sollten aber die unternehmerischen Anforderungen für die Priorisierung und Auswahl von Weiterbildungsmaßnahmen ausschlaggebend sein. In diesem Zusammenhang spielen auch Rahmenbedingungen wie beispielsweise verfügbare Budgets und der mit der Durchführung einer Maßnahme verbundene Zeitaufwand eine wesentliche Rolle. Machen Sie Ihrem Mitarbeiter klar, warum Sie bestimmten Maßnahmen den Vorzug geben während andere vielleicht nicht realisiert werden.

6.3.3 Einen Entwicklungsplan aufstellen

Die Ergebnisse des Entwicklungsgesprächs können Sie in einem Entwicklungsplan dokumentieren. Halten Sie schriftlich fest, welche Vereinbarungen Sie konkret getroffen haben. Der Entwicklungsplan sollte folgende Inhalte abdecken:

Vereinbarungen verbindlich festhalten

* Welche konkreten Entwicklungsziele sollen realisiert werden?
* Welches Potenzial ist hierfür vorhanden, welche Entwicklungsfelder wurden identifiziert?
* Welche Maßnahmen wurden vereinbart?
* Wie ist der zeitliche Horizont zur Erreichung der Entwicklungsziele und zur Durchführung der geplanten Weiterbildungsmaßnahmen?

Beispiel:

Frau Schröder arbeitet seit 18 Monaten in der strategischen Planung und verfügt über gute Kenntnisse in den Bereichen Controlling und Unternehmenssteuerung. Das Unternehmen ist auf Expansionskurs und strebt Wachstum durch Zukäufe von kleineren Wettbewerbern an. Frau Schröder soll innerhalb von zwei Jahren zur Projektmanagerin qualifiziert werden, um Teilprojekte bei anstehenden Firmenübernahmen eigenverantwortlich leiten zu können. Der Entwicklungsplan könnte folgendermaßen aussehen:

* Entwicklungsziel: Qualifikation zur Projektleiterin innerhalb von zwei Jahren

- Vorhandenes Potenzial: Gute Fachkenntnisse zu Controlling und Unternehmenssteuerung, ausgeprägtes analytisches Denken, überdurchschnittliches Engagement und hohe Bereitschaft, Verantwortung zu übernehmen
- Entwicklungsfelder: Kenntnisse im Bereich Projektmanagement ausbauen, Kompetenz zur Führung von Projektteams aufbauen
- Vereinbarte Maßnahmen:
  - Projekteinsätze in laufenden Akquisitionsprojekten mit regelmäßigem Feedback durch den jeweiligen Projektleiter (Beginn sofort, Dauer 8-12 Monate, je nach Projektlage), später auch Leitung definierter Teilprojekte (nach ca. einem Jahr bei positivem Feedback)
  - Teilnahme an einem mehrmodularen Training „Projektmanagement" als flankierende Maßnahme (jeweils 3 Tage pro Quartal im kommenden Jahr)
  - Übernahme einer Mentorenrolle durch Herrn Hansen als erfahrenem Projektleiter zum Erfahrungsaustausch (ab sofort)

Sorgen Sie dafür, dass Ihr Mitarbeiter eine Kopie des Entwicklungsplans erhält. So stellen Sie sicher, dass Sie ein einheitliches Verständnis der getroffenen Vereinbarungen haben, und unterstreichen die Verbindlichkeit der Maßnahmenplanung.

7 Fehlzeitengespräche durchführen

Sie erfahren in diesem Kapitel, wie Sie
- ein Fehlzeitengespräch vorbereiten,
- es konstruktiv und zielorientiert durchführen und
- verbindliche Vereinbarungen mit Ihrem Mitarbeiter treffen.

7.1 Überblick zum Vorgehen

Hier erfahren Sie übersichtlich zusammengefasst, wie Sie ein Fehlzeitengespräch vorbereiten und durchführen. Weiterführende Informationen und Tipps finden Sie nach dem englischen Teil in Kapitel 7.3.

Vorbereitung des Fehlzeitengesprächs (siehe auch Kapitel 7.3.2)	
In Erfahrung bringen, wann, wie oft und warum der Mitarbeiter gefehlt hat	
Ziel des Fehlzeitengesprächs festlegen	
Gesprächsablauf (siehe auch Kapitel 7.3.3)	
1. Schritt: Ansprechen des Gesprächsziels	
2. Schritt: Detaillierte Beschreibung des Fehlverhaltens	
3. Schritt: Nach Gründen für die Fehlzeiten fragen	
4. Schritt: Unterstützung anbieten, um Fehlzeiten in den Griff zu bekommen	
Gesprächsabschluss (siehe auch Kapitel 7.3.3)	
Für einen verbindlichen Gesprächsabschluss sorgen	
Konkrete Vereinbarungen hinsichtlich der Fehlzeiten treffen	
Wenn der Mitarbeiter nicht einsichtig ist: Arbeitsrechtliche Konsequenzen ankündigen	

Siehe CD-ROM

7.2 Vocabulary and dialogues

In Kapitel 7.2 finden Sie Arbeitshilfen in englischer Sprache für die sprachliche Vorbereitung eines Fehlzeitengesprächs:

* eine Liste mit englischen Vokabeln, die Sie für ein Fehlzeitengespräch benötigen
* zwei Beispieldialoge in englischer Sprache

Siehe CD-ROM

Die wichtigsten Vokabeln zu Kapitel 7	
abmahnen	to admonish/to give someone a (written) warning
Abmahnung	warning, dissuasion, reprimand
abstellen (von Fehlzeiten)	to stop
Abwesenheitsrate	rate of absenteeism
aktuell	current (nicht: actual!)
Anspruch	claim, entitlement
Arbeit bei anderen abladen	to offload work
Arbeitsanweisung	work instruction
Arbeitsplan	task schedule
Arbeitsrecht	labour law
aus einer Mücke einen Elefanten machen	to make a mountain out of a molehill
Betriebsarzt	company physician
Betriebsrat	staff council, works council
Einhaltung, Erfüllung	compliance
Entgelt	remuneration
Entschuldigungsgrund	an excuse
Fehlzeiten	absence from work/unautorised absence
Gerüchte	rumours

Gleitzeit	flexitime
jemanden auf frischer Tat ertappen	to catch someone red-handed
jemanden bis zur Erschöpfung arbeiten lassen	to burn someone out
jemanden ertappen	to find s/o out
Konsequenzen	consequences
krank feiern/blau machen	to skive off work/to skip work
Krankheit	illness (eher leicht), sickness
Murren	grumble
Organisationsregel	company regulation
rügen, tadeln, zurechtweisen	to reprimand
Schwere	gravity
sich entschuldigen	to apologise (BE)/to apologize (AE)
sicherstellen	to ensure
Teamgeist/Atmosphäre	team spirit/team atmosphere
überdurchschnittlich	above-average
Überstunden	overtime
uneinsichtig/stur	obstinate or pig-headed
Urlaubsplan	holiday rota
Verallgemeinerung	generalisation
verschieben	to postpone
Verspätung	lateness, late arrival
vertagen	to adjourn (eine Sitzung)
Wegfall	lapse
Wertschätzung	appreciation
zu einem spätere Zeitpunkt	at a later date

Die folgenden zwei Beispieldialoge vermitteln Ihnen einen lebendigen Eindruck, wie ein Fehlzeitengespräch in englischer Sprache ablaufen könnte. Der erste Dialog gibt ein Negativ-Beispiel, was in dem Gespräch typischerweise schief gehen könnte. Der zweite Dialog zeigt einen gelungenen Gesprächsverlauf. Vielleicht sind Ihnen bestimmte Ausdrücke oder Redewendungen aus dem Beispiel unbekannt. Dann helfen Ihnen die Vokabelliste und die Sammlung von Redewendungen.

Beispieldialog: Wenn es schief läuft ...

Hannah: Good morning Susan. How are you?

Susan: Hello Hannah. Fine. And you?

Hannah: Very well, thank you. Thank you also for coming here this morning. The reason I wanted to talk to you is quite simple: I have noticed that during the last month you called in sick eight times. Is anything wrong? Have you consulted a doctor?

Susan: Am I under observation now? Maybe I should see the works council.

Hannah: I don't think that is necessary. It is my responsibility to steer the team. Thus, I am also to ensure that tasks are allocated and done. What I have noticed is that your absence is above-average. I would like to know the reason.

Susan: There are no reasons – apart from the ones I have already given: I'm ill, hence I call in sick. End of story.

Hannah: I'm afraid that is not so easy. Everybody is sick once in a while. What irritates me, though, is not only the number of absence incidents but also their timing: Is it really a coincidence that you seem to be ill always on a Monday or Friday?

Susan: I cannot help that. At any rate I don't have to justify my being ill.

Hannah: Have you consulted a doctor?

Susan: I only have to consult a doctor if I am ill for three days in a row or more. Aren't you making a mountain out of a molehill?

Hannah: I don't think so. Your behaviour is not acceptable and it has a negative effect on the morale of the other team members. If they see you calling in sick so often, they will be unhappy because they will have to work more – maybe they will even need to work over-time.

Susan: I can't help that, can I?

Hannah: I have not really heard any reasons from you for being sick so often. And I cannot say that I get the impression that you even understand the gravity of the problem. Isn't there anything you want to do to change the current situation? Perhaps you have– let's say a theory about possible reasons for your illnesses. If I had some indications, perhaps we could work something out to improve the situation for everybody ...

Susan: Perhaps a little less pressure would be helpful. You keep piling more tasks on my desk. It's just too much.

Hannah: Of course the workload has been quite heavy recently. But that is the same for us all. Let me be blunt: If there aren't any changes I will have to send you to our company physician. I might also have to give you a written warning. How can we avoid that? What are you planning to do about your absence?

Susan: I don't know.

Hannah: Have you understood that this must not continue?

Susan: Sure.

Hannah: Then perhaps we can both think about it and meet again later next week – how's that?

Susan: Ok. Let's do that.

Hannah: See you then. Take care.

Susan: Bye.

Beispieldialog: So machen Sie es richtig ...

Hannah: Good morning Bob. How are you?

Bob: Hello Hannah. Fine. And you?

Hannah: Very well, thank you. Thank you also for coming here this morning. The reason I wanted to talk to you today is quite simple: I have noticed that during the last month you have been late for work eight times; in some cases you were late by one hour. That is quite unusual. I would like to know what the reasons are ...

Bob: Well, have I been found out, then?

Hannah: I would not say that at all. I just noticed the irregularity.

Bob: Irregularity? I do my work. I get done more than most around here.

Hannah: It's true you work very well indeed and I always appreciate your input. Only, you appear to be somewhat less motivated than usual. But maybe that is an unfair interpretation of your lateness.

Bob: What's the big deal? Am I being reprimanded here?

Hannah: What I'd like to point out to you are the effects your current latenesses have on others in the team. There has been some grumbling about "having to take over part of your workload". For me as the team leader this discontent is an unacceptable situation.

Bob: There is nothing that the others can do about it. And it isn't their business anyway.

Hannah: Sure, only if you could give me a reason, we together might be able to find a solution for this problem. Arriving late for work is certainly not okay.

Bob: There is indeed a reason. You know that I need to take my daughter to the kindergarten. Two weeks ago they changed their opening hours. So, I need to go there later then before, I don't catch my usual bus to work.

Hannah: So it is just a question of the morning schedule? Is that also the reason why you called in sick three times? You know there are rumours going around about you skipping work deliberately. Personally, I do not think so ... Hence my asking.

Bob: Well, I don't want to appear pigheaded but the current workload is quite heavy as you know. Maybe I am a little overworked.

Hannah: I see. As I said, I would like to find an acceptable solution for both you and the team.

Bob: Fine. Do you have an idea?

Hannah: Since we have flexitime, we could just schedule your work a little differently.

Bob: That means our production meetings could start a bit later?

Hannah: Sure, I don't see why not.

Bob: That would certainly solve my "kindergarten problem". Now, about the other thing ...

Hannah: You know the current project is about to finish soon. Until then I cannot spare you. The week after next, though, you could go on vacation for a couple of days and relax a little. How is that?

Bob: That sounds excellent. Thanks a lot. And sorry for not raising the issue right from the start.
Hannah: No problem. So we're agreed then, are we? I will reschedule your meetings. You will come in half an hour later in the future and stay on afterwards. Also, I will add a one-week vacation to our holiday rota. Agreed?
Bob: Sure. See you later.

7.3 Konkrete Anleitung zum Vorgehen

Wenn Fehlzeiten gehäuft und systematisch auftreten, stellen sie eine ernsthafte Bedrohung für den Unternehmenserfolg dar. Neben den direkten Effekten des Arbeitsausfalls, werden auch indirekte Wirkungen auftreten, wie z. B. Konflikte und Motivationseinbußen bei den übrigen Teammitgliedern, die die liegen gebliebene Arbeit ihres Mitarbeiters erledigen müssen.

Direkte und indirekte Effekte

> **Tipp:**
> Bevor Sie ein Fehlzeitengespräch ansetzen, sollten Sie festzustellen, wie der Umgang mit Vereinbarungen, wie z. B. den festgelegten Arbeitszeiten, von den beteiligten Personen interpretiert wird. Stellen diese lediglich eine grobe Richtlinie dar, die man auch mal umgehen kann oder werden Regeln als verbindlich angesehen?

7.3.1 Fehlzeiten im Team ansprechen

Wenn Fehlzeiten wiederholt auftreten, sollten Sie diese sofort im Team ansprechen. Eine Führungskraft konnte einen großen, aber kurzfristigen „Motivationserfolg" erzielen, indem sie Beratung einfach nur angedroht hat: „Wenn das hier so weiter geht, muss ich McKinsey ins Haus holen!" Alleine diese Intervention hat dafür gesorgt, dass sich das Team wieder (kurzfristig) zusammengerissen und erneut Leistung gebracht hat. Der große Nachteil dieser Form der „Drohung" ist natürlich, dass sie sich über die Zeit abnutzt und die Wirkung in das Gegenteil umschwenken kann. Dieses Beispiel sollten Sie deswegen nicht ganz ernst nehmen. Zutreffend ist jedoch:

Fehlzeiten ansprechen

Wenn Sie deutlich machen, dass Sie einen bestimmten Zustand als suboptimal erleben, kann sich bereits eine enorme Wirkung entfalten. Fehlzeiten werden nicht immer thematisiert: Gerade wenn es sich um einen verdienten Mitarbeiter handelt, der sehr gute Arbeitsergebnisse erzielt, spricht man die Fehlzeiten nicht gerne an. Die Kritik könnte den Mitarbeiter demotivieren. Wenn Sie die folgenden Schritte beachten, brauchen Sie solche negativen Effekte eines Fehlzeitengesprächs nicht zu befürchten.

Das Ziel des Fehlzeitengesprächs

Wenn Fehlzeiten vorliegen, lassen sich mindestens drei Ziele aus Sicht einer Führungskraft formulieren:

- Gründe identifizieren
- Für Auswirkungen im Team sensibilisieren
- Vereinbarung für eine Verhaltensänderung in Bezug auf die Fehlzeiten treffen

Sicht des Mitarbeiters und Auswirkungen im Team

Viele Führungskräfte verfolgen das Ziel, die Fehlzeiten auf Null zu reduzieren, indem sie eine entsprechende Anweisung formulieren. Die Sicht des Mitarbeiters, seine möglichen Gründe sowie die Auswirkungen im Team gehen bei dieser Vorgehensweise jedoch verloren. Um eine nachhaltige Lösung zu erzielen, ist es notwendig, auch die Hintergründe für die Fehlzeiten zu beleuchten.

7.3.2 Vorbereitung des Fehlzeitengesprächs

Wann genau, wie oft und warum?

Für die Vorbereitung von Kritikgesprächen gilt generell: Verschaffen Sie sich umfangreiche Informationen. Bringen Sie also in Erfahrung, wann genau, wie oft und warum der Mitarbeiter gefehlt hat. Falls es noch einen Teamleiter gibt, der das Fehlverhalten gemeldet hat, so sollten Sie unbedingt mit ihm sprechen, um diese Informationen in Erfahrung zu bringen. Reduzieren Sie die Informationen auf den faktischen Kern und versuchen Sie, Interpretationen von Fakten zu trennen. Eine Aussage, wie z. B. „der Mitarbeiter wirkt schon seit einiger Zeit unmotiviert", sollte hinterfragt werden. Was bedeutet „seit einiger Zeit" und woran macht der Beobachter fest, dass der Mitarbeiter unmotiviert ist? Fragen Sie also möglichst detailliert nach, damit Sie gut vorbereitet in das Fehlzeitengespräch gehen.

7.3.3 Ein Fehlzeitengespräch durchführen

1. Schritt: Ansprechen des Gesprächsziels

Damit der Mitarbeiter genau weiß, worum es bei dem Gespräch gehen soll, ist es wichtig, dass Sie zunächst das Gesprächsziel benennen:

Beispiel:
„Herr Meier, heute möchte ich mit Ihnen über Ihre Fehlzeiten sprechen und Lösungen erarbeiten, wie wir damit umgehen sollen."

Mit dieser Formulierung betonen Sie, dass es letztlich darum geht, Vereinbarungen zu treffen, wie die Fehlzeiten reduziert bzw. abgestellt werden können.

2. Schritt: Detaillierte Beschreibung des Fehlverhaltens

Es ist unbedingt notwendig, dass zu kritisierende Verhalten möglichst präzise zu beschreiben. Achten Sie darauf, Verallgemeinerungen zu vermeiden, und beschränken Sie sich auf die Fakten: *Sprechen Sie die Situation konkret an*

Beispiel:
„Herr Meier, Sie sind am 21., 22. und 29. dieses Monats zu spät zur Arbeit erschienen, nämlich jeweils nach 10.00 Uhr. Können Sie mir sagen, was die Gründe hierfür waren?"

Die Frage nach den Gründen aus der Mitarbeiterperspektive verfolgt zwei Ziele: Zum einen wird dem Mitarbeiter signalisiert, dass seine Sicht der Dinge wichtig ist. Zum anderen bietet sie die Möglichkeit, wichtige Informationen für die Problemlösung zu identifizieren, die Ihnen möglicherweise im Vorfeld nicht mitgeteilt wurden. *Die Sicht des Mitarbeiters ist wichtig!*

Für Sie als Führungskraft stellt sich nun, je nach Information, die Frage, ob es eine Möglichkeit gibt, den Mitarbeiter zu unterstützen und Rahmenbedingungen zu schaffen, die eine Lösung des Fehlzeitenproblems begünstigen.

Weiterhin sollten Sie unterscheiden, ob die Fehlzeiten kurzfristig oder über einen längeren Zeitraum aufgetreten sind. Während eine längerfristige Fehlzeit auch das Ziel der Wiedereingliederung notwendig macht, müssen gehäufte kurzfristige Abwesenheiten aufge- *Kurzfristige Fehlzeit oder langfristige Abwesenheit?*

klärt werden. Im ersten Fall sollte der Mitarbeiter über erfolgte Veränderungen z. B. in Arbeitsabläufen ausreichend informiert werden. Selbstverständlich kann die Vertiefung dieser Informationen an einen anderen Mitarbeiter delegiert werden, der mit der „Wiedereinarbeitung" betreut wird.

Beispiel:

„Herr Meier, ich freue mich sehr, dass Sie nach Ihrer Krankheit nun wieder voll einsatzfähig sind. Wir haben Ihren wertvollen Beitrag sehr vermisst. Ich werde Ihnen nun grob skizzieren, was sich in Ihrer Abwesenheit verändert hat. Frau Müller wird Sie im Anschluss noch detaillierter in die Feinheiten einweisen."

Da ein Krankenrückkehrgespräch ein Sonderfall des Fehlzeitengesprächs darstellt, finden Sie dazu in Kapitel 8 eine gesonderte Darstellung.

Fehlzeiten leistungsstarker Mitarbeiter

Häufig überraschen auch leistungsstarke Mitarbeiter durch Fehlzeiten. Vielen Führungskräften fällt es in solchen Fällen schwer, das Fehlverhalten anzusprechen, da sie den grundsätzlich wertvollen Beitrag des Mitarbeiters nicht durch Kritik schmälern wollen. Fragen Sie dennoch nach der Ursache für die Fehlzeiten, denn oftmals bietet sich hier die Gelegenheit, den Mitarbeiter bei einem Problem zu unterstützen. Oft lässt sich die Verhaltensänderung des Mitarbeiters auf äußere Einflüsse zurückführen. Dennoch sollte man Interpretationen vermeiden und sich auf die Informationsgewinnung beschränken. Fragen Sie also nach Gründen für die Abwesenheiten.

3. Schritt: Nach Gründen für die Fehlzeiten fragen

Wertschätzend Nachfragen

Falls der Mitarbeiter sich nicht sofort auf die Frage der Führungskraft eingeht und sich öffnet – manchmal werden die tatsächlichen Gründe als peinlich erlebt – gilt es, behutsam und wertschätzend nachzufassen.

Beispiel:

„Herr Meier, ich habe Sie als einen sehr gewissenhaften und zielstrebigen Mitarbeiter kennen gelernt. Umso erstaunter bin ich nun über Ihre unentschuldigten Fehlzeiten, da ich Sie ja anders kenne. Können Sie mir hier weiterhelfen?"

4. Schritt: Unterstützung anbieten

Falls sich der Mitarbeiter auch auf Nachfragen nicht öffnet, haben Sie als Führungskraft die Möglichkeit, Unterstützung anzubieten. Diese Unterstützung setzt jedoch voraus, dass Sie zumindest in Ansätzen wissen, wo das eigentliche Problem liegt.

Beispiel:

„Wie bereits gesagt, würde ich Sie gerne unterstützen, da ich Sie als gewissenhaften Kollegen kennen gelernt habe. Um dies tun zu können und Lösungen zu finden, die Sie unterstützen, muss ich jedoch Ihr Problem verstehen."

Wenn der Mitarbeiter dieses Angebot nicht annehmen möchte, sollten Sie ihm das Angebot machen, zu einem späteren Zeitpunkt darauf zurückzukommen.

Nun gilt es, die beiden übrigen Ziele des Fehlzeitengesprächs zu verfolgen: nämlich für die Auswirkungen im Team zu sensibilisieren und eine Vereinbarung für die Reduktion bzw. das „Abstellen" der Fehlzeiten zu finden.

Beispiel:

„Dann möchte ich auf Ihre Fehlzeiten zurückkommen. Neben der Tatsache, dass ich Fehlzeiten nicht tolerieren kann, da die bestehende Organisationsregel missachtet wird, haben Fehlzeiten auch eine mögliche negative Auswirkung auf die Teamatmosphäre, da Ihre Kollegen zumindest teilweise Ihre Arbeit mit erledigen müssen. Wie sehen Sie das?"

Sie können aus der Antwort des Mitarbeiters ableiten, inwieweit ihm potentielle Auswirkungen auf das Team bewusst sind. Weiterhin erkennen Sie ebenfalls aus der Antwort, ob der Mitarbeiter sich eher einsichtig zeigt oder Ausflüchte sucht.

Umgang mit Aggressionen des Mitarbeiters

Da das Ansprechen eines Fehlverhaltens jedenfalls oft in ein Kritikgespräch mündet, gilt es besonders, einen konstruktiven aber bestimmten Gesprächsabschluss zu erreichen. Es kann aber durchaus passieren, dass ein Mitarbeiter, der sich ertappt fühlt, verbal aggressiv reagiert.

> **Beispiel:**
> Gegenfrage des Mitarbeiters:
> „Wollen Sie damit andeuten, dass ich krankfeiere?"

Fakten ansprechen

Hier zeigt sich, wie wichtig es ist, lediglich präzise die Fakten darzulegen und dann in die Frageorientierung überzugehen. Da Sie nicht verallgemeinert oder interpretiert haben, können Sie sich neutral auf die Fakten berufen:

> **Beispiel:**
> „Ich habe lediglich Ihre Fehlzeiten angesprochen. Um die Gründe für diese Fehlzeiten zu erfahren, treffen wir uns heute."

Falls der Mitarbeiter sich weiterhin darüber empört zeigt, dass man ihn verdächtigt (auch wenn Sie dies bisher nicht getan haben), können Sie folgendermaßen antworten:

> **Beispiel:**
> „Herr Meier, wie ich gesagt habe, sitzen wir hier, um zu erfahren, weshalb Sie unentschuldigt gefehlt haben. Ich verdächtige Sie nicht, sondern möchte mit Ihnen vereinbaren, wie wir die Fehlzeiten abstellen können. Wie Sie selbst sagen, kann jedoch der Eindruck des „Krankfeierns" entstehen. Umso wichtiger ist es, dass wir uns über die tatsächlichen Ursachen der Fehlzeiten unterhalten und niemandem die Chance bieten, Sie zu diskreditieren."

Gesprächsabschluss

Es ist sehr wichtig, dass das Fehlzeitengespräch einen verbindlichen Abschluss findet. Sprechen Sie unbedingt Ihre Erwartungen an und lassen Sie idealerweise den Mitarbeiter die Vereinbarung nochmals zusammenfassen. Falls Sie auf der Seite Ihres Mitarbeiters noch keine Einsicht wahrnehmen, können Sie dies durchaus thematisieren und erneut darlegen, welche Pflichten und Notwendigkeiten auf Ihrer Seite als Führungskraft existieren. Bei fortdauerndem Widerstand oder Uneinsichtigkeit müssen Sie arbeitsrechtliche Konsequenzen ansprechen. Welche arbeitsrechtlichen Möglichkeiten Sie haben, zeigt der nächste Abschnitt.

7.3.4 Die Behandlung von Fehlzeiten im Arbeitsrecht

Zu den Hauptpflichten des Arbeitnehmers zählt die Arbeitspflicht. In § 613 BGB wird diese Arbeitspflicht als die persönliche Erbringung der vertraglich geschuldeten Arbeitsleistung nach den Weisungen des Arbeitgebers ausgeführt. „Vertraglich geschuldet" bedeutet, dass die Arbeitsleistung zur rechten Zeit, am rechten Ort und in der rechten Art und Weise erbracht wird.

Das schuldhafte Fernbleiben von der Arbeit ohne Rechtfertigungsgrund bedeutet in diesem Sinne ein Nichterfüllen der Arbeitspflicht, da sie eben nicht zur rechten Zeit am rechten Ort in der rechten Qualität erbracht wurde.

Mögliche Konsequenzen aus der Verletzung der Arbeitspflicht sind der Wegfall des Entgeltanspruchs oder eine ordentliche bzw. außerordentliche Kündigung. die bei beharrlicher Arbeitsverweigerung (z. B. eigenmächtiger Urlaubsantritt) ausgesprochen werden kann.

Arbeitspflicht

Wegfall des Entgeltanspruchs und Kündigung

7

8 Das Krankenrückkehrgespräch

Sie erfahren in diesem Kapitel,

- wie Sie ein Krankenrückkehrgespräch systematisch vorbereiten,
- was Sie für die Wiedereingliederung des zurückgekehrten Mitarbeiters tun können und
- wie Sie die optimale Leistungsfähigkeit im Team wieder herstellen.

Das Kapitel schließt mit arbeitsrechtlichen Hinweisen zum betrieblichen Eingliederungsmanagement.

8.1 Überblick zum Vorgehen

Hier erfahren Sie übersichtlich zusammengefasst, wie Sie ein Krankenrückkehrgespräch durchführen. Weiterführende Informationen und Tipps finden Sie nach dem englischen Teil in Kapitel 8.3.

Siehe CD-ROM

Vorbereitung des Krankenrückkehrgesprächs (siehe auch Kapitel 8.3.1)	
Hintergrundinformationen einholen	
Aufgabenverteilung planen	
Einladung zum Krankenrückkehrgespräch	
Gesprächsablauf (siehe auch Kapitel 8.3.2)	
Gesprächseinstieg	
Für einen positiven Gesprächseinstieg sorgen	
Nach dem Befinden des Mitarbeiters erkundigen	
Persönliches Interesse am Mitarbeiter zeigen	

Hauptteil des Gesprächs	
Rückblick auf wesentliche Entwicklungen im Unternehmen während der Abwesenheit des Mitarbeiters	
Vorstellungen zu den Tätigkeiten des Mitarbeiters erläutern	
Mitarbeiter nach seinen Vorstellungen fragen	
Gesprächsabschluss (siehe auch Kapitel 8.3.2)	
Vereinbarung weiterer Schritte	
Anbieten von Unterstützung	

8.2 Vocabulary, useful phrases and dialogues

In Kapitel 8.2 finden Sie Arbeitshilfen in englischer Sprache für die sprachliche Vorbereitung eines Krankenrückkehrgesprächs:

- eine Liste mit Vokabeln, die Sie für ein Krankenrückkehrgespräch benötigen
- eine Auswahl von typischen englischen Redewendungen („useful phrases")
- zwei Beispieldialoge in englischer Sprache

Siehe CD-ROM

Die wichtigsten Vokabeln zu Kapitel 8	
Arbeitsunfähigkeit/Behinderung	disability
Arbeitsversäumnis, Fernbleiben	absenteeism
Arzt/Mediziner	general/medical practitioner, medical doctor (MD), physician
ärztliches Attest	medical/doctor's certificate
Ausbrennen, Zustand totaler Erschöpfung	burnout
barrierefrei	barrier-free
Beeinträchtigung	impairment
degradieren	to relegate, demote
Dienstalter	seniority

ein-/ausstempeln	to clock in/out, punch in/out
feinabstimmen/anpassen	to fine-tune, adjust
psychisch, geistig	mental
Genesung/Genesungszeit	convalescence, recovery, recuperation
körperlich, physisch	physiological
Krankheit verursacht durch nicht ergonomische Arbeitsplatz	sick-building syndrome
krankmelden	to call in/report sick
Krankmeldung	sick leave
kurzfristig	on short notice
Last	burden
medizinische Untersuchung, Kontrolluntersuchung	medical examination, checkup
nach und nach, Schritt für Schritt	little by little, step by step
Nachbehandlung, Nachsorge	aftercare
neu zuordnen	reassign
Neugliederung	reorganization, restructuring
niedrige Arbeit	menial work
Rationalisierung, Sanierung	streamlining, shoring-up
rücksichtsvoll, aufmerksam	considerate
(nicht) wieder gut zu machender Schaden	ir/reversible damage
selbstausgestellte Krankenmeldung	self-certification
subventioniert	subsidized
Telearbeit/Heimarbeit	to telecommute
Unfall	accident
unterkühlte/herzliche Begrüßung	cold/warm welcome
Wiedereingliederung	rehabilitation, reintegration

useful phrases – Redewendungen zu Kapitel 8	
to be anyone's guess	reine Vermutung/Spekulation
to be a far cry from	weit entfernt von etwas
to be a no-brainer	Kinderspiel/Leichtigkeit/trivial
to be becoming, befitting	sich gehören
to be dollar to donuts	höchst wahrscheinlich sein
to be no laughing matter	nicht komisch sein/ da gibt es nichts zu lachen
to be out of the loop	nicht auf dem Laufenden sein
to be thankful for small mercies	für kleine Gaben dankbar sein
to be up and running	in Gang kommen
to get a grip/hold on oneself	sich wieder beherrschen/ zusammenreißen
to give/lend a helping hand	Hilfe anbieten, jdm. auf die Sprünge helfen
to get/give short shrift/the brush-off/the cold shoulder	jdn. (ganz) kurz abfertigen, kurzen Prozess mit jdm./etw. machen, jdn. die kalte Schulter zeigen
to go out of your way, bend/lean over backwards, go overboard, jump through hoops	große Mühe geben/ keine Mühe scheuen
to go under the knife	sich eine Operation unterziehen
to have/take a bash/shot/stab/whack at something, give something a try, try your hand at something	etwas probieren, versuchen
to put/get someone back on track	auf den richtigen Weg bringen/führen
to ring a bell	bekannt vorkommen
to sell someone down the river	jmd. verraten und verkaufen

Siehe CD-ROM

8

Die folgenden zwei Beispieldialoge vermitteln Ihnen einen lebendigen Eindruck, wie ein Krankenrückkehrgespräch in englischer Sprache ablaufen könnte. Der erste Dialog gibt ein Negativ-Beispiel, was in dem Gespräch typischerweise schief gehen könnte. Der zweite Dialog zeigt einen gelungenen Gesprächsverlauf. Wenn Ihnen Ausdrücke aus dem Beispiel unbekannt sind, schauen Sie einfach in der Vokabelliste nach.

Beispieldialog: Wenn es schief läuft ...

Regina Breuer (HR specialist): Here, let me hold the door for you.

Josh Clarion (forklift operator): Thanks. Phew! It took me some time to get here.

Regina: Sorry you had to do all the way here. It's sure good to have you back. Remind me, how long have you been away?

Josh: One month and twenty-four days, to be exact. The injury was pretty severe, you know, falling off a galloping horse at 35 kph ...

Regina: Oh, dear! Just out of curiosity, what was it exactly? The injury, I mean.

Josh: Oh, it was no laughing matter, I can assure you; I bent my knee the wrong way around ... Tore both quadriceps and patella tendons. Hope I got the medical terms right.

Regina: I hope you're feeling better by now.

Josh: Yes, I'm no longer confined to the wheelchair, thank goodness for that! The bad news is that I still have to take physiotherapy twice a week.

Regina: Do you have any idea how long the aftercare treatment is going to last?

Josh: Oh, that's anyone's guess. My physician said it could take some time before we know whether the surgery has come off.

Regina: I see. So I guess you'll agree with me that going back to operating a forklift is, for the time being, not an option. And I can't see any possibility for you of working from home.

Josh: What else can I do? I can't sit at a desk and do some paperwork. All my life I've been a forklift operator, and this is what I intend to do till the day I retire.

Regina: Get a grip on yourself, Mr. Clarion, or otherwise I'll call Security.

Josh: I'm sorry I've lost my temper. I forgot to mention that I also suffered a major concussion after falling off the horseback.

Regina: Haa... As you're not exactly the high-flying, self-starter type, Mr. Clarion, it's a no-brainer that retraining you is a far cry from being cost-effective – you can't teach an old dog new tricks. The office canteen would definitely need a helping hand.

Josh: The canteen?! You can't be serious about that!

Regina: Be thankful for small mercies. You do know how to do the dishes, don't you?

Josh: No, thanks. This I do only at home!

Regina: As I said before, telecommuting isn't an option!

Beispieldialog: So machen Sie es richtig ...

Regina Breuer (HR specialist): How do you feel?

Josh Clarion (forklift operator): My physical condition has significantly improved since I went under the knife, but I'm a bit out of the loop and need some more time before I can get back on track.

Regina: How about this – until we can get you up and running, you'll be reassigned as a Material Requirements Planner.

Josh: You mean, working at the warehouse? As a logistician?

Regina: Not quite. You'll be responsible for ordering raw materials and shipping worn-out machine parts for repair. I hope you don't mind this. We aren't giving you short shrift – it's only a provisional measure until you've completely recovered.

Josh: Well, I wouldn't mind, except that ... I hope it isn't a conspiracy to scale back my responsibilities, or even worse – to sell me down the river.

Regina: Oh, come on, Josh, paranoia isn't becoming you. It's dollar to donuts that you'll get your forklift back as soon as you get rid of those crutches. Coming to think about it, your new position means more responsibilities, not less.

Josh: Who will I be reporting to?

Regina: Clarissa Beagle. She's a sweetheart– you'll love her. In fact, you can catch up with her at the depot. Now, if you'll excuse me, I must see Tony Bradley.
Josh: Sure, I'll have a stab at it. Who knows, I might just as well like it there after all.
Regina: Right, that's the spirit! I'm glad you're starting to warm to the idea.

8.3 Konkrete Anleitung zum Vorgehen

Eingliederungs-management als Führungs-aufgabe

Die Wiedereingliederung eines genesenen Mitarbeiters aktiv zu begleiten und dabei für eine optimale Arbeitsfähigkeit des Teams und der Abteilung zu sorgen, ist eine wichtige Führungsaufgabe. Das Krankenrückkehrgespräch kann dabei als unterstützende Maßnahme zielführend eingesetzt werden.

Der krankheitsbedingte Ausfall eines Mitarbeiters über längere Zeit hat im Arbeitsumfeld oftmals weitreichende Konsequenzen. So müssen beispielsweise die Aufgaben der erkrankten Person auf die Kollegen umverteilt werden, was diesen ein erhöhtes Arbeitspensum abverlangt. Eine Destabilisierung der Teamstruktur kann die Folge sein, eventuell müssen sogar Umstrukturierungsmaßnahmen durchgeführt werden, um arbeitsfähig zu bleiben. Der berufliche Wiedereintritt des erkrankten Mitarbeiters ist natürlich positiv zu bewerten, bedeutet aber für seine Kollegen und Vorgesetzen, sich erneut auf eine Veränderung einzustellen. Für den rückkehrenden Kollegen ist der Einstieg wiederum häufig mit einem Gefühl von Unsicherheit verbunden. Was hat sich in der Zeit seiner Abwesenheit im Unternehmen und in seiner Abteilung getan und was erwartet ihn in seinem Aufgabenbereich?

8.3.1 Krankenrückkehrgespräche vorbereiten

Eine optimale Vorbereitung des Krankenrückkehrgesprächs sollte eine Betrachtung von Hintergrundinformationen zur Krankheit Ihres Mitarbeiters und Überlegungen zur Aufgabenplanung nach dem Wiedereintritt umfassen. Bereits mit der Einladung können Sie die Weichen für einen konstruktiven Gesprächsverlauf stellen. Die folgenden Abschnitte liefern Ihnen dazu hilfreiche Anregungen.

Hintergrundinformationen einholen

Im Rahmen der Vorbereitung auf das Krankenrückkehrgespräch sollten Sie sich einen Überblick über die aktuelle Faktenlage zum Zeitpunkt des Wiedereintritts des Mitarbeiters verschaffen. Tragen Sie gezielt Informationen zusammen, die Ihnen helfen, die Situation aus der Sicht aller Beteiligten besser einzuschätzen. Anhand dieser Informationen können Sie das Gespräch dann strukturieren und feststellen, welche offenen Punkte Sie gemeinsam mit Ihrem Mitarbeiter klären wollen. Sie sollten dabei unterschiedliche Bereiche berücksichtigen.

Umfassende Situationsbeschreibung

Informationen zur Person des Mitarbeiters

Wie lange ist der Mitarbeiter schon im Unternehmen? Wie ist sein bisheriger Werdegang? Wie war seine berufliche Situation als er krank wurde? Welche Pläne im Hinblick auf die weitere berufliche Entwicklung gibt es?

Informationen zur Stellung des Mitarbeiters im Team

Welche Position im Team hatte der Mitarbeiter inne? Wer sind seine engsten Kollegen? Welche Auswirkungen hatte der Ausfall des Mitarbeiters auf die Zusammenarbeit im Team? Wie haben die Kollegen auf die Abwesenheit ihres Kollegen reagiert? Welche Veränderungen wird es im Zusammenhang mit dem Wiedereintritt des Mitarbeiters geben?

Informationen zur Krankengeschichte

Ist die Erkrankung physischer oder psychischer Natur? Handelt es sich um eine Ersterkrankung? Gab es bereits andere krankheitsbedingte Fehlzeiten?

Informationen zu weiteren Auswirkungen der Krankheit

Ist im Vorfeld bereits abzusehen, ob krankheitsbedingte Beeinträchtigungen im Hinblick auf die Arbeitsleistung des Mitarbeiters bestehen? Sind weitere Ausfälle zu erwarten? Liegen Informationen über eventuelle weitere Behandlungs- oder Rehabilitationsmaßnahmen vor?

Aufgabenverteilung planen

Sie sollten sich im Vorfeld des Krankenrückkehrgesprächs auch mit der Frage beschäftigen, welche Aufgaben der Mitarbeiter nach seinem Wiedereintritt wahrnehmen wird. Inwieweit kann und soll er in sein angestammtes Aufgabengebiet zurückkehren? Vielleicht hat sich während der Fehlzeit das Arbeitsumfeld geändert, indem sich neue Aufgaben, Zuständigkeiten und Abläufe ergeben haben, die es nun zu berücksichtigen gilt. Möglicherweise ist auch abzusehen, dass der Mitarbeiter aufgrund bestimmter krankheitsbedingter Beeinträchtigungen seine bisherigen Aufgaben nicht mehr oder nur eingeschränkt wahrnehmen kann.

> **Tipp:**
>
> Beziehen Sie in die Aufgabenplanung auch die Teamkollegen mit ein. Stimmen Sie insbesondere mit denjenigen Kollegen, die vertretungsweise wesentliche Aufgaben des erkrankten Mitarbeiters übernommen haben, ab, wie die Arbeitsteilung nach dem Wiedereintritt optimal aussehen könnte.

Einladung zum Krankenrückkehrgespräch

Wie alle wichtigen Personalgespräche sollte auch das Krankenrückkehrgespräch für den Mitarbeiter nicht überraschend kommen. Der Gesprächstermin sollte möglichst kurzfristig nach der Rückkehr des Mitarbeiters stattfinden. Vielleicht haben Sie bereits zum Ende der Krankheitsphase die Möglichkeit, den Mitarbeiter persönlich zu kontaktieren und zu einem Gespräch einzuladen. Kündigen Sie das Gespräch auf jeden Fall vorher an. Insbesondere wenn Sie das Rückkehrgespräch unmittelbar nach dem Wiedereintritt führen, sollte ihr Mitarbeiter etwas Zeit haben, um sich vorzubereiten. Informieren Sie im Zuge der Einladung über die Zielsetzung und verdeutlichen Sie, dass Sie am Befinden des Mitarbeiters interessiert sind und es Ihnen darum geht, den Wiedereintritt in die Arbeitsumgebung für alle Beteiligten möglichst reibungslos zu gestalten. Das Krankenrückkehrgespräch hat einen vertraulichen Charakter und sollte daher unter vier Augen ausschließlich zwischen Vorgesetztem und Mitarbeiter geführt werden.

Von Arbeitnehmerverbänden wird mitunter gewarnt, dass es sich beim Krankenrückkehrgespräch um eine „Verhörsituation" handelt, die vor allem dazu dient, die Ursachen für die Erkrankung des Mitarbeiters in Erfahrung zu bringen, die Wahrscheinlichkeit weiterer Fehlzeiten einzuschätzen und im Wiederholungsfall eine Abmahnung oder gar Kündigung vorzubereiten. Um solchen Ängsten Ihres Mitarbeiters frühzeitig entgegenzuwirken, sollten Sie Ihr Gesprächsziel im Vorfeld eindeutig benennen. Vermeiden Sie gegebenenfalls auch den Begriff „Krankenrückkehrgespräch", der in den Ohren Ihres Mitarbeiters möglicherweise negative Erwartungen weckt.

Zielsetzung erläutern

8.3.2 Krankenrückkehrgespräche durchführen

Planen Sie für das Krankenrückkehrgespräch ausreichend Zeit ein und sorgen Sie für ein störungsfreies Umfeld. Schaffen Sie eine vertrauensvolle Gesprächsatmosphäre.

Gesprächseinstieg

Da ein Krankenrückkehrgespräch einen ernsten Hintergrund hat und auf Seiten Ihres Mitarbeiters mit einer gewissen Unsicherheit zu rechnen ist, sollten Sie für einen positiven Einstieg sorgen. Geben Sie Ihrem Mitarbeiter zu verstehen, dass Sie froh sind, ihn wieder „an Bord" zu haben. Vermitteln Sie ihm das Gefühl, nach wie vor ein wichtiges und geschätztes Teammitglied zu sein. Wenn Sie im Vorfeld noch keine detaillierten Informationen zur Leistungsfähigkeit und Belastbarkeit Ihres Mitarbeiters bekommen haben, werden Sie allerdings noch nicht genau wissen, ob Ihr Mitarbeiter wieder voll einsatzfähig ist. Vermeiden Sie daher, ihn mit voreiligen Aussagen zu überfahren.

Positive Atmosphäre schaffen

8

> **Beispiel:**
> Mit dieser Formulierung überfahren Sie Ihren Mitarbeiter:
> „Herr Müller, gut dass Sie wieder da sind. Wir haben hier eine Menge um die Ohren, wie Sie sich sicher vorstellen können, und da ist es prima, dass Sie jetzt wieder voll durchstarten können. Wir zählen auf Sie!"
> Diese Formulierung ist besser:
> „Herr Müller, ich freue mich sehr, Sie wieder hier bei uns begrüßen zu können. Wir haben Sie sehr vermisst und sind froh, dass mit Ihrer Rückkehr unser Team wieder komplett ist."

Persönliches Interesse bekunden

Erkundigen Sie sich anschließend nach dem Befinden Ihres Mitarbeiters. Gehen Sie dabei behutsam vor und haken Sie insbesondere nicht nach, wenn Sie das Gefühl haben, dass Ihr Mitarbeiter über bestimmte Aspekte seiner Krankheit nicht gern sprechen möchte. Die Frage nach dem Befinden soll Ihr Interesse an der Situation Ihres Gesprächspartners zum Ausdruck bringen. Es geht nicht darum, möglichst viele Details in Erfahrung zu bringen und ihren Mitarbeiter über seine Krankengeschichte auszufragen.

Leiten Sie dann zum Hauptteil über, indem Sie kurz den Anlass des Gesprächs und die Zielsetzung erläutern.

Beispiel:

„Frau Schmidt, Sie kehren heute nach drei Monaten in unsere Abteilung zurück. Es ist mir wichtig, dass Sie sich wieder gut einfinden. Ich möch-te daher kurz mit Ihnen durchgehen, was sich während Ihrer Abwesenheit in den letzten drei Monaten bei uns getan hat, damit Sie auf dem aktuellen Stand sind. Anschließend würde ich gern mit Ihnen besprechen, wie wir die Wiederaufnahme Ihrer Tätigkeit optimal gestalten können."

Hauptteil des Gesprächs

Beginnen Sie mit einem Rückblick über die wesentlichen Entwicklungen im Unternehmen, in Ihrer Abteilung und im Team während der Abwesenheit des Mitarbeiters. Sie sollten insbesondere Veränderungen ansprechen, die seine Tätigkeit direkt betreffen und die Auswirkungen auf sein Aufgabengebiet nach dem Wiedereintritt haben (z. B. Verlust eines Stammkunden, Beförderung eines Kollegen, Restrukturierungsmaßnahmen). Geben Sie Ihrem Mitarbeiter auch die Gelegenheit, eigene Fragen zu stellen.

Vorstellungen und Bedenken erläutern

Daran anknüpfend sollten Sie mit Ihrem Mitarbeiter Ihre Vorstellungen hinsichtlich der Wiederaufnahme seiner Arbeitstätigkeit besprechen. Teilen Sie Ihrem Mitarbeiter mit, welche Aufgaben und Verantwortungsbereiche Sie aufgrund Ihrer Vorüberlegungen und unter Berücksichtigung eventueller Veränderungen während seiner Abwesenheit für ihn vorgesehen haben. Sprechen Sie auch Bedenken an, die Sie eventuell im Hinblick auf die Aufgabenerfüllung haben

(z. B. bei der Ausübung schwerer körperlicher oder psychisch belastender Tätigkeiten).

Tipp:

Wenn Sie sich über die Einsetzbarkeit und Belastbarkeit Ihres Mitarbeiters nicht sicher sind, sollten Sie Ihre Vorstellungen im Konjunktiv formulieren. So legen Sie sich zunächst nicht fest und es ist leichter, im Verlauf des Gesprächs noch Anpassungen vorzunehmen.

Dann gilt es zu klären, inwieweit Ihr Mitarbeiter Ihren Vorstellungen gerecht werden kann. Fragen Sie Ihren Mitarbeiter offen nach seiner Einschätzung und geben Sie ihm Raum, auch eigene Wünsche und Vorstellungen einzubringen. Besprechen Sie, ob krankheitsbedingte Beeinträchtigungen bestehen, die im Hinblick auf die Einsetzbarkeit Ihres Mitarbeiters zu berücksichtigen sind. Unter Umständen müssen auch Nachsorge- und Rehabilitationsmaßnahmen in die Planung einbezogen werden. Ausgehend von Ihrer Planung und der Perspektive Ihres Mitarbeiters können Sie nun festhalten, welche Lösungen im Hinblick auf die Aufgabenverteilung und Einsatzplanung funktionieren, welche Einschränkungen bestehen und in welchen Bereichen vielleicht ein Kompromiss gefunden werden muss.

Mitarbeiterperspektive berücksichtigen

Gesprächsabschluss

Beschließen Sie das Gespräch mit einem Ausblick auf die nächsten Schritte. Es ist hilfreich, weitere Gespräche mit Kollegen zu vereinbaren, um Fragen zur Zusammenarbeit zu besprechen und gemeinsam Vereinbarungen über eine mögliche Unterstützung des Rückkehrers zu treffen. An diesen Folgegesprächen sollten Sie sich ebenfalls beteiligen. Sie signalisieren damit, dass Sie dem Wiedereingliederungsprozess besondere Aufmerksamkeit widmen und dass Ihnen an der Leistungsfähigkeit des Teams gelegen ist.

Vereinbarung der weiteren Schritte

Die Phase des Wiedereintritts nach längerer krankheitsbedingter Abwesenheit bedarf erhöhter Aufmerksamkeit und Unterstützung. Bieten Sie Ihrem Mitarbeiter daher an, sich mit seinen Anliegen jederzeit persönlich an Sie zu wenden. So erkennen Sie mögliche Probleme frühzeitig und können den Wiedereingliederungsprozess erfolgreich gestalten.

Persönliche Unterstützung anbieten

8.3.3 Arbeitsrechtliche Hinweise

Betriebliches Eingliederungsmanagement nach SGB

Seit dem 1. Mai 2004 ist eine arbeitsrechtliche Vorschrift in Kraft, die für alle Arbeitgeber ein „betriebliches Eingliederungsmanagement" zur Vermeidung von Entlassungen vorsieht. Nach § 84 Abs. 2 SGB (Sozialgesetzbuch) IX gilt: „Sind Beschäftigte innerhalb eines Jahres länger als sechs Wochen ununterbrochen oder wiederholt arbeitsunfähig, klärt der Arbeitgeber mit der zuständigen Interessenvertretung im Sinne des § 93, bei schwerbehinderten Menschen außerdem mit der Schwerbehindertenvertretung, mit Zustimmung und Beteiligung der betroffenen Person die Möglichkeiten, wie die Arbeitsunfähigkeit möglichst überwunden werden und mit welchen Leistungen oder Hilfen erneuter Arbeitsunfähigkeit vorgebeugt und der Arbeitsplatz erhalten werden kann (betriebliches Eingliederungsmanagement)."

Kündigungsrelevante Auswirkungen

Im Rahmen des Eingliederungsmanagements soll geklärt werden, mit welchen Maßnahmen der Arbeitplatz dauerhaft gesichert werden kann (hierzu zählen auch Leistungen und Hilfen von Rehabilitationsträgern oder des Integrationsamts). Die Einhaltung dieser Präventionspflicht des Arbeitgebers ist vom Betriebsrat bzw. der Schwerbehindertenvertretung zu kontrollieren. Missachtet der Arbeitgeber seine Präventionspflicht kann eine spätere Kündigung wegen Krankheit mit der Begründung des nicht versuchten betrieblichen Wiedereingliederungsmanagements angefochten werden.

Mitbestimmung des Betriebsrats

Die Einführung eines standardisierten Krankenrückkehrgesprächs im Unternehmen unterliegt dem Mitbestimmungsrecht des Betriebsrats. Unzulässig sind Fragen, die ausschließlich den privaten Bereich des Mitarbeiters (z. B. Lebenswandel oder Bekanntenkreis) betreffen. Auch muss der Mitarbeiter keine Auskunft über die Ursachen seiner Erkrankung und den aktuellen Krankheitszustand geben. Er ist lediglich verpflichtet, die Arbeitsunfähigkeit und deren voraussichtliche Dauer mitzuteilen. Weiterhin besteht keine rechtliche Grundlage, den behandelnden Arzt auf Nachfrage des Arbeitgebers von seiner Schweigepflicht zu entbinden.

9 Die Versetzung eines Mitarbeiters

In diesem Kapitel erfahren Sie,

- welche betrieblichen Faktoren Einfluss auf die Versetzungsentscheidung haben,
- wie Sie ein Versetzungsgespräch systematisch vorbereiten und
- im Gespräch verbindliche Vereinbarungen zur weiteren Zusammenarbeit mit dem betroffenen Mitarbeiter erzielen können.

Das Kapitel schließt mit Hinweisen zum arbeitsrechtlichen Hintergrund von Versetzungen.

9.1 Überblick zum Vorgehen

Hier erfahren Sie übersichtlich zusammengefasst, wie Sie die Versetzungsentscheidung in einem Mitarbeitergespräch kommunizieren. Weiterführende Informationen und Tipps finden Sie nach dem englischen Teil in Kapitel 9.3.

Vorbereitung des Versetzungsgesprächs (siehe auch Kapitel 9.3.2)	
Versetzungsentscheidung sorgfältig begründen	
Rahmenbedingungen des neuen Aufgabenbereichs klären	
Mögliche Reaktionen des Mitarbeiters einschätzen	
Positive Aspekte der Versetzung für den Mitarbeiter sammeln	
Ggf. eigenen Verhandlungsspielraum ausloten	
Ausreichend Zeit für das Gespräch einplanen	
Für einen störungsfreien Rahmen sorgen	
Gesprächsablauf (siehe auch Kapitel 9.3.3)	
1. Schritt: Thema des Gesprächs schnell und sachlich ansprechen	
2. Schritt: Versetzungsentscheidung nachvollziehbar begründen	

Siehe CD-ROM

129

Wenn der Mitarbeiter emotional reagiert: Verständnis für seine Reaktion zeigen und ggf. das Gespräch vertagen	
3. Schritt: Umsetzung der Versetzungsentscheidung aushandeln	
4. Schritt: Konkrete Schritte vereinbaren	
Gesprächsabschluss	
Vereinbarungen schriftlich festhalten	
Dem Mitarbeiter Unterstützung anbieten	

9.2 Vocabulary, useful phrases and dialogues

In Kapitel 9.2 finden Sie Arbeitshilfen in englischer Sprache für die sprachliche Vorbereitung Ihrer Personalarbeit:

- eine Liste mit englischen Vokabeln, die Sie für ein Versetzungsgespräch benötigen
- eine Auswahl von typischen englischen Redewendungen („useful phrases")
- zwei Beispieldialoge in englischer Sprache

Siehe CD-ROM

Die wichtigsten Vokabeln zu Kapitel 9	
suspendieren/zwangsbeurlauben	to suspend
Probedurchlauf, Trockenübung	dry/dummy/trial run
auslösen	to trigger, set off
Bedenken und Anregungen	objections and suggestions
durchsetzungsfähig	assertive, resolute
ersetzen	to replace
gewährleisten	to guarantee
Glücksbote	bearer of glad tidings
Handlungsspielraum	room for maneuver, berth, elbow-room, maneuvering space, wriggle room
Hindernis	obstacle, hindrance, impediment, stumbling block

Hiobsbote	bearer of bad news
Kostensenkung	cost-cutting
Mehrarbeit leisten	to work overtime
mit jdm. mitfühlen	to sympathize with someone
rechtfertigen	to justify
saftige Strafe	hefty fine
umsetzen	to implement, carry out, execute, put into effect
unvermeidlich	inevitable
zu heftig reagieren, überreagieren	to overreact

useful phrases – Redewendungen zu Kapitel 9

Siehe CD-ROM

a shot in the arm	Motivationsschub
to put someone on the spot	jmd. in Verlegenheit/Zugzwang bringen
to be at the end of your tether	mit seiner Geduld am Ende sein, am Ende seiner Kräfte sein
to be in a pickle/tight corner/spot/double bind/fix	in die Enge geraten, in der Klemme/Patsche sitzen
to be out of your depth/league, beyond you ken	einer Sache nicht gewachsen sein, eine Hutnummer/ein paar Hutnummern zu groß für jdm. sein
to blow something out of proportion	in keinem Verhältnis stehen, (maßlos) übertreiben
to brace yourself	sich auf etwas vorbereiten
to call the shots, run the show, be in the catbird/driving seat/saddle, rule the roost, be at the helm	das Sagen haben
to cut someone to the quick, be harsh on s/o	jdn. bis ins Mark treffen
to do the rounds	liefern
to give someone's eyeteeth	sich die Finger/alle 10 Finger nach etwas lecken

9

131

to give the axe/hook/pink slip/ sack, dismiss, make redundant, boot, can, lay off	freisetzen
to have a say in something	ein Mitspracherecht haben
to hit the ground running, to get off to a quick start	durchstarten, optimal vorbereitet sein
to hit the road	aufbrechen, sich auf den Weg machen; auf die Reise gehen
to hold something against someone	standhalten, etwas gegen jdn. haben
to keep your head above water	sich über Wasser halten
to (not) give a hang/hoot/damn/fig/piss about	jdm. völlig egal sein
to put your nose to the grindstone, to work your ass/butt off/ your fingers to the bone	ranklotzen, sich den Hintern aufreißen
to send someone packing	jdn. Rausschmeißen/**abblitzen lassen**
to step into the breach	in die Bresche springen
to wash your hands of something	für etwas nicht verantwortlich sein wollen
What goes around comes around, the chickens have come home to roost	die Vergangenheit rächt sich, Wie man in den Wald hineinruft, so schallt es heraus.
word gets around	sich herumsprechen

Die zwei Beispieldialoge auf den folgenden Seiten vermitteln Ihnen einen lebendigen Eindruck, wie ein Versetzungsgespräch in englischer Sprache ablaufen könnte. Der erste Dialog gibt ein Negativ-Beispiel, was in dem Gespräch typischerweise schief gehen könnte. Der zweite Dialog zeigt einen gelungenen Gesprächsverlauf. Vielleicht sind Ihnen bestimmte Ausdrücke oder Redewendungen aus dem Beispiel unbekannt. Dann helfen Ihnen die Vokabelliste und die Sammlung von Redewendungen.

Beispieldialog: Wenn es schief läuft ...

Regina Breuer (HR specialist): Mr. Anderson, I've just been on the phone with Tony Bradley, our CEO. He went ballistic when he heard the news.

Knut Anderson (truck driver): Look, I was only driving 20 kph above the speed limit; there's no need to blow the matter out of proportion.

Regina: Tell this to the other three drivers who now have to step into the breach and work overtime until you get your license back!

Knut: Trust me – it won't happen again!

Regina: It has nothing to do with trust – it's all about keeping our heads above water ... Don't hold it against me, but Mr. Bradley decided to transfer you to Production; this decision is absolutely nonnegotiable and takes an immediate effect.

Knut: I can't believe my ears! After all those years I've been putting my nose to the grindstone for this company! But I'm out of my depth when it comes to working at the conveyor belt. I'm used to deal with freight, not machinery!

Regina: You know how decisions are made here – it's Mr. Bradley who calls the shots, and he doesn't give a hoot about what other people think.

Knut: Nonetheless, you can't just walk away and wash your hands of your decision. Be sure that once I get my driver's license back I'll be hitting the road, this time as fast and as far as I can get away from this place!

Regina: One more word from you and you'll be washing dishes side by side with Josh at the office canteen!

Knut: You'll get your comeuppance, mark my words!

Regina: Are you insinuating in any way that this decision will backfire on me?

Knut: You know what they say: What goes around comes around!

Regina: How dare you! Off you go to the assembly line!

Beispieldialog: So machen Sie es richtig ...

Regina Breuer (HR specialist): I'm so glad you could make it on such short notice. When was the last time we met?

Knut Anderson (truck driver): Oh, heaven knows... last July?!

Regina: I actually think it was two months ago. Never mind. So, tell me now, how have you been doing lately?

Knut: Oh, don't ask! Or has word already got around?

Regina: Yes, Tony told me this morning about what had happened. I'm sorry to hear that your license was revoked.

Knut: I really feel that I failed you guys. I hope this meeting isn't about putting me on the spot.

Regina: You're dead wrong about this; no one is going to cut you to the quick. Though admittedly we've just lost 25% of our operational distribution capacity. In a family business like ours, that's a lot.

Knut: If there's any way I could possibly make up for this ... I've been working my butt off and felt at the end of my tether ever since my wife had left me for another man.

Regina: Oh, dear! I'm so sorry to hear that. Would you consider taking a few days off? I can tell by the look of you that you've been through quite a lot recently.

Knut: I'd rather not; it will only aggravate the pangs of loneliness.

Regina: In any event, as you can probably imagine, we're in a dire need of another driver. There is no way we can make do with three drivers for the remainder of the year, as you obviously won't be able to do the rounds. We are pushed into a tight corner.

Knut: You mean, you're giving me the axe?

Regina: That's an option we'd rather rule out. We'd hate to lose a highly-motivated employee such as yourself. But if you wish to stay with us, you'll have to brace yourself for a new position.

Knut: I'll give my eyeteeth for staying here!

Regina: Say no more. We'll first send you to a refresher course offered by a private IT academy, so that when you're back you'll be able to hit the ground running. Once you pass the course, we're going to reassign you as a ...

Knut: Wait a moment – I don't really have a say in this, do I?

Regina: Of course you do! Otherwise, why in the world would I bother calling you over here?

Knut: Thank you for taking the time to see me. This conversation has been a shot in the arm.

9.3 Konkrete Anleitung zum Vorgehen

Eine Versetzung bedeutet eine wesentliche Veränderung für den betroffenen Mitarbeiter, die über das berufliche Umfeld hinaus weit reichende Auswirkungen auch auf den privaten Bereich haben kann. Häufig wird diese Veränderung zunächst negativ bewertet und stößt auf Ablehnung. Vor diesem Hintergrund ist es eine Herausforderung, im Anschluss an die Versetzungsentscheidung eine tragfähige Arbeitsbeziehung zum betroffenen Mitarbeiter aufrechtzuerhalten.

Tragfähige Arbeitsbeziehung aufrecht erhalten

9.3.1 Welche betrieblichen Faktoren beeinflussen die Versetzungsentscheidung?

Die formale Zuweisung eines neuen Aufgaben- oder Arbeitsbereichs kann aus unterschiedlichen betrieblichen Gründen erforderlich werden.

Die betriebliche Realität macht es erforderlich, Mitarbeiter flexibel einzusetzen. Idealerweise gelangt man über die richtige Auswahl und gezielte Entwicklung dahin, jede Stelle mit dem richtigen Mitarbeiter zu besetzen. Mitunter ergeben sich jedoch Entwicklungen, die einen Einschnitt in die laufende Personalplanung mit sich bringen und eine Versetzungsentscheidung bedingen.

Betriebliche Faktoren

9

Gründe für eine Versetzung

Mögliche Gründe für eine Versetzung können sein:
- Geschäftsfelderweiterungen
- Auslandsaktivitäten, Internationalisierung
- Restrukturierungs- und Umorganisationsmaßnahmen
- Übernahmen
- Fusionen
- Rationalisierungsvorhaben
- Kosteneinsparungen
- Wegfall von Aufgabenfeldern
- Schließungen von Geschäftsbereichen

Auswahl der zu versetzenden Mitarbeiter

Je nach Anlass der Versetzung ist eine mehr oder weniger große Anzahl von Mitarbeitern betroffen. Wenn ein bestimmter Ge-

Betroffene Personenkreise

schäftsbereich oder ein ganzes Aufgabengebiet umstrukturiert oder aufgelöst wird, ist der von der Veränderung betroffene Personenkreis eindeutig zu bestimmen. Unter Umständen ist zu entscheiden, welche Mitarbeiter versetzt werden sollen und in welchen Fällen eine betriebsbedingte Kündigung ausgesprochen wird. Die Versetzung stellt dann – abhänig von der aktuellen Arbeitsmarktlage – für viele Mitarbeiter vermutlich eher eine positive Option dar.

Anders gelagert ist die Situation, wenn aus einer Gruppe von Mitarbeitern der zu versetzende Personenkreis ausgewählt werden muss, während die übrigen Kollegen nicht von einer Veränderung betroffen sind. Insbesondere wenn Unsicherheit über die neue Situation besteht oder die Versetzung negative Konsequenzen mit sich bringt, ist mit Widerstand zu rechnen.

Die Auswahl der zu versetzenden Mitarbeiter sollte daher gut begründet sein. Sowohl Kriterien der Sozialauswahl als auch betriebliche Gründe sollten berücksichtigt werden:

Sozialauswahl

- **Kriterien der Sozialauswahl**: Alter, Geschlecht, Familienstand, Dauer der Betriebszugehörigkeit, soziales Umfeld, Chancen auf dem Arbeitsmarkt

Betriebliche Gründe

- **Betriebliche Gründe**: Ausreichende Qualifizierung für das neue Aufgabengebiet, unzureichende Leistung im bisherigen Aufgabengebiet, Ähnlichkeit der Aufgabeninhalte, mangelnde quantitative oder qualitative Auslastung im bisherigen Aufgabengebiet

9.3.2 Versetzungsgespräche systematisch vorbereiten

Auswirkungen und Reaktionen des Mitarbeiters

Um sich optimal auf das Versetzungsgespräch mit dem betroffenen Mitarbeiter vorzubereiten, sollten Sie sich Ihre Argumentation zur Begründung der Maßnahme vergegenwärtigen. Überlegen Sie, welche Auswirkungen und Veränderungen die Versetzung mit sich bringt und wie ihr Mitarbeiter darauf reagieren könnte. Indem Sie sich im Vorfeld des Gesprächs über die Situation Ihres Mitarbeiters und die Tragweite der Entscheidung klar werden, schaffen Sie die Voraussetzung für ein konstruktives Versetzungsgespräch.

Versetzungsentscheidung sorgfältig begründen

Aus welchen unternehmerischen Gründen ist die Versetzung notwendig? Welche negativen Konsequenzen (für das Unternehmen, die Abteilung, den betroffenen Mitarbeiter) würden eintreten, wenn die Versetzung nicht erfolgt?

Rahmenbedingungen des neuen Aufgabenbereichs klären

Was sind die wesentlichen Merkmale des neuen Aufgabenbereichs? Welchen Stellenwert hat die neue Tätigkeit im Unternehmen? Welche Aspekte sind attraktiv, welche weniger attraktiv? Welche Veränderungen ergeben sich im Hinblick auf die betriebliche Infrastruktur (z. B. Standort, Ausstattung des Arbeitsplatzes, Arbeitsbedingungen)? Gibt es Unterschiede bei Zusatzleistungen (z. B. Firmenwagenprogramm, Sonderzulagen, Essenszuschuss)?

Das soziale Umfeld des Mitarbeiters

Sie sollten auch berücksichtigen, welche Argumente für das soziale und familiäre Umfeld des Mitarbeiters wichtig sind, denn hier haben Sie „unsichtbare" Verhandlungspartner, die es einzubinden gilt. Welche Konsequenzen hat die Versetzung für die Einbindung des Mitarbeiters in sein soziales Umfeld? Wie werden Familie und Bekanntenkreis auf die Versetzung reagieren?

Soziales und familiäres Umfeld

Mögliche Reaktionen des Mitarbeiters

Im Versetzungsgespräch konfrontieren Sie Ihren Mitarbeiter mit einer notwendigen Veränderung. Insbesondere im Hinblick auf damit verbundene negative Konsequenzen zeigen Menschen häufig charakteristische Reaktionsmuster. Betrachten Sie das Gespräch an sich auch als einen „kleinen Veränderungsprozess" mit einem typischen Phasenverlauf. Sie können Ihr Gesprächsverhalten auf die einzelnen Phasen optimal ausrichten, wenn Sie jeweils mögliche Reaktionen Ihres Mitarbeiters antizipieren und sich auf die unterschiedlichen Szenarien einstellen.

Im Folgenden finden Sie eine Übersicht der typischen Phasen, die nach dem Verkünden einer unangenehmen Botschaft im Gesprächsverlauf auftreten können:

1. Phase: Nicht akzeptieren wollen: Der Mitarbeiter kann nicht glauben, was ihm da eröffnet wird („Wie kann das sein?", „Warum ich?"). Er wird eventuell zunächst die Entscheidung grundsätzlich infrage stellen oder argumentieren, warum ein Kollege besser für die Versetzung geeignet wäre.

Typische Gesprächsphasen und Reaktionsmuster

137

2. Phase: Irritation, Wut: Nachdem die Unausweichlichkeit der Entscheidung klar geworden ist, sind emotionale Reaktionen wahrscheinlich. Vielleicht wird der Mitarbeiter laut oder bricht in Tränen aus. Vielleicht zieht er sich auch zunehmend zurück, wird einsilbig und beteiligt sich gar nicht mehr aktiv am Gespräch.

3. Phase: Verhandeln: Nachdem die Emotionalität der vorhergehenden Phase abgeklungen ist, geht es nun darum, sich bestmöglich mit der unausweichlichen Situation zu arrangieren. Ihr Mitarbeiter wird wahrscheinlich verschiedene Möglichkeiten durchspielen und versuchen, Entscheidungsspielräume auszuloten.

4. Phase: Kooperation: Wenn die Versetzungsentscheidung akzeptiert ist, wird der Mitarbeiter versuchen, verbindliche Garantien und Sicherheiten im Hinblick auf unterstützende Maßnahmen zu erlangen.

Positive Aspekte der Versetzung für den Mitarbeiter

Positive Aspekte

Vor dem Hintergrund der Situationsanalyse und der zu erwartenden Reaktionen Ihres Mitarbeiters sollten Sie überlegen, welche Entscheidungsspielräume im Hinblick auf die anstehende Versetzung bestehen. Welche Perspektiven bietet der neue Aufgabenbereich? Welche Aspekte kommen den Neigungen und Interessen Ihres Mitarbeiters entgegen? Welche Unterstützung können Sie Ihrem Mitarbeiter anbieten?

Eigenen Verhandlungsspielraum ausloten

Tatsachenentscheidungen versus Gestaltungsspielräume

Unmittelbar vor dem Gespräch sollten Sie noch einmal rekapitulieren, welche Entscheidungen im Zusammenhang mit der Versetzung feststehen und damit im Gespräch grundsätzlich nicht verhandelbar sind. Welche Gestaltungsspielräume bestehen bei der Umsetzung der Entscheidung, in welchen Bereichen haben Sie einen Verhandlungsspielraum? Welche Angebote können Sie Ihrem Mitarbeiter dementsprechend machen?

9.3.3 Versetzungsgespräche durchführen

Planen Sie ausreichend Zeit für das Gespräch ein und sorgen Sie für einen störungsfreien Rahmen.

Bei der Durchführung des Gesprächs orientieren Sie sich an den vier oben beschriebenen Gesprächsphasen. Je nachdem, in welcher Phase Sie sich befinden, haben Sie unterschiedliche Kommunikationsaufgaben zu erfüllen.

1. Schritt: Thema des Gesprächs schnell und sachlich ansprechen

Beginnen Sie das Gespräch mit einer kurzen Einleitung, in der Sie erklären, dass Sie notwendige Veränderungen mit Ihrem Mitarbeiter besprechen wollen. Erläutern Sie kurz die Ausgangssituation, die der Versetzungsentscheidung zugrunde liegt. Fassen Sie sich hierbei kurz und kommen Sie schnell zum Thema des Gesprächs: Eröffnen Sie Ihrem Mitarbeiter, welche Veränderung für ihn ansteht. Ihre Hauptaufgabe besteht in dieser Phase darin, die Botschaft sachlich und eindeutig zu vermitteln.

Schnell zum Punkt kommen

2. Schritt: Versetzungsentscheidung begründen

Es ist wichtig, dass Sie Ihre Entscheidung begründen. Nutzen Sie hierfür wenige, aber klare Argumente und lassen Sie sich nicht in eine Rechtfertigungsdiskussion verwickeln. Bleiben Sie „in der Sache hart". Es gilt zu zeigen, dass an der Versetzungsentscheidung nicht zu rütteln ist.

Sollte ihr Mitarbeiter nun emotional reagieren, gilt es zunächst, „Emotionsmanagement" zu betreiben. Halten Sie sich mit weiteren Aussagen zurück. In dieser Phase ist der Stresslevel Ihres Gesprächspartners erhöht und er ist einer rationalen Argumentation nicht zugänglich. Beschränken Sie sich darauf, Verständnis für seine Reaktion auszudrücken, und warten Sie ab, ob ihr Mitarbeiter sich wieder beruhigt. Halten Sie auch unangenehmes Schweigen aus. Falls sich abzeichnet, dass sich ihr Mitarbeiter nicht so schnell wieder beruhigen wird, sollten Sie über eine Vertagung des Gesprächs nachdenken.

Emotionsmanagement

Beispiel:

„Ich habe den Eindruck, dass Sie gerade sehr aufgewühlt sind. Das kann ich verstehen. An der Fortsetzung des Gesprächs ist mir sehr gelegen, weil ich gemeinsam mit Ihnen besprechen möchte, wie wir mit der neuen Situation am besten umgehen können. Ich denke, es macht Sinn, das Gespräch zu vertagen. Wenn Sie einverstanden sind, komme ich mit einem neuen Terminvorschlag auf Sie zu."

3. Schritt: Umsetzung der Versetzungsentscheidung aushandeln

Vereinbarungen aushandeln

Wenn sich die emotionalen Wogen geglättet haben, beginnt die Phase des Aushandelns von Vereinbarungen zur Umsetzung der Versetzungsentscheidung. Fragen Sie Ihren Mitarbeiter, welche Art der Unterstützung für ihn hilfreich wäre. Versuchen Sie herauszufinden, wo die größten Bedenken liegen und welche Bedürfnisse und Motive dahinter stecken. Prüfen Sie, mit welchen Maßnahmen Sie diese Bedenken abfedern können. Halten Sie Zwischenergebnisse fest.

Beispiel:

In der Konzernzentrale kommt es zu Restrukturierungsmaßnahmen. Einzelne Mitarbeiter sollen in Zweigniederlassungen versetzt werden. Herr Schneider sträubt sich vehement gegen seine Versetzung. Im Gespräch stellt sich heraus, dass mit der Versetzung weg vom Hauptsitz aus seiner Sicht ein Prestigeverlust verbunden ist, der seiner Stellung als langgedienter Mitarbeiter in der Zentrale nicht gerecht wird. Er kann sich mit der neuen Situation besser anfreunden, nachdem ihm zugesichert wird, am neuen Standort ein großes Einzelbüro zu beziehen. Seine Büromöbel kann er sich aus einer von mehreren Designerserien, die in der Zentrale nur leitenden Angestellten zur Verfügung stehen, selbst aussuchen.

4. Schritt: Konkrete Schritte vereinbaren

Konkrete Schritte vereinbaren

Beschließen Sie das Gespräch mit einem Ausblick auf das weitere Vorgehen. Besprechen Sie, welche organisatorischen Schritte konkret anstehen und wie die vereinbarten Maßnahmen umgesetzt werden sollen. Halten Sie dabei fest, wer bis wann welche Aufgaben erledigen wird. Bieten Sie auch weiterhin Ihre Unterstützung an. Machen Sie klar, dass die Angelegenheit für Sie nicht mit einem Gespräch „abgehakt" ist, sondern Ihnen eine einvernehmliche und möglichst reibungslose Umsetzung der Versetzungsentscheidung am Herzen liegt.

9.3.4   Arbeitsrechtliche Hinweise

Bei einer Versetzung ist zwischen einer arbeitsvertraglichen und einer betriebsverfassungsrechtlichen Maßnahme zu unterscheiden. Eine arbeitsvertragliche Versetzung liegt vor, wenn dem Arbeitnehmer nicht nur vorübergehend ein geänderter Aufgabenbereich in Bezug auf die Art, den Ort oder den Umfang der Arbeit übertragen wird. Unter einer betriebsverfassungsrechtliche Versetzung versteht man nach § 95 Abs. 3 BetrVG (Betriebsverfassungsgesetz) die Zuweisung eines anderen Arbeitsbereichs, die voraussichtlich die Dauer von einem Monat überschreitet oder die mit einer erheblichen Änderung der Umstände verbunden ist, unter denen die Arbeit zu leisten ist. Im Fall einer betriebsverfassungsrechtlichen Versetzung hat der Betriebsrat ein Mitbestimmungsrecht.

§ 95 Abs. 3 BetrVG

Bei der Zuweisung einer neuen Tätigkeit im Zuge einer Versetzung ist der Inhalt des Arbeitsvertrags zu berücksichtigen. Ist etwa ein bestimmtes Charakteristikum der Tätigkeit (wie z. B. genaue Stellenbezeichnung, Art, Umfang oder Ort der Ausführung) im Arbeitsvertrag festgehalten, müssen diese Vertragsbestandteile auch im Rahmen einer Versetzung eingehalten werden. Steht die Versetzung im Widerspruch zu den Inhalten des Arbeitsvertrags, bedarf es einer Änderung des Vertragsinhalts durch eine einvernehmliche Vertragsänderung oder eine Änderungskündigung.

Inhalte des Arbeitsvertrags

Änderungskündigung

9

10 Die Beförderung eines Mitarbeiters

In diesem Kapitel erfahren Sie,

- welche Laufbahnmodelle im Rahmen einer Beförderungsentscheidung infrage kommen,
- wie Sie die Beförderungsentscheidung optimal vorbereiten,
- welche formalen und inhaltlichen Aspekte Sie bei einem Beförderungsgespräch berücksichtigen sollten und
- wie Sie die Beförderung gegenüber den Beteiligten und wichtigsten Interessengruppen optimal kommunizieren.

10.1 Überblick zum Vorgehen

Hier erfahren Sie übersichtlich zusammengefasst, wie Sie eine Beförderung vorbereiten und gegenüber dem Mitarbeiter, dem Team und externen Geschäftspartnern kommunizieren. Weiterführende Informationen und Tipps finden Sie nach dem englischen Teil in Kapitel 10.3.

Siehe CD-ROM

Vorbereitung der Beförderungsentscheidung (siehe auch Kapitel 10.3.1)	
Orientierungsgespräch mit dem Mitarbeiter führen	
Bisherigen Werdegang des Mitarbeiters reflektieren	
Stärken-Schwächen-Profil des Mitarbeiters erstellen	
Mögliche Entwicklungsschritte des Mitarbeiters planen	
Die Beförderungsentscheidung kommunizieren (siehe auch Kapitel 10.3.2)	
1. Das Beförderungsgespräch	
Verdienste des Mitarbeiters würdigen (Positives Feedback)	
Beförderungsentscheidung mitteilen	
Künftige Aufgaben und Pflichten des Mitarbeiters beschreiben	
Organisatorische Details der Beförderung besprechen	

2. Information des Teams	
Alle Teammitglieder in einem Meeting gleichzeitig informieren	
Beförderungsentscheidung begründen	
3. Kommunikation im Unternehmen und gegenüber Geschäftspartnern	
Beförderungsentscheidung im Unternehmen veröffentlichen	
Geschäftspartner informieren, sofern sie betroffen sind	

10.2 Vocabulary, useful phrases and dialogues

In Kapitel 10.2 finden Sie Arbeitshilfen in englischer Sprache für die sprachliche Vorbereitung Ihrer Mitarbeitergespräche:

- eine Liste der wichtigsten englischen Vokabeln, die Sie für die Beförderungsentscheidung benötigen
- eine Auswahl von typischen englischen Redewendungen („useful phrases")
- zwei Beispieldialoge in englischer Sprache

Siehe CD-ROM

Die wichtigsten Vokabeln zu Kapitel 10	
Absprache, Vereinbarung	agreement, arrangement
Abstimmung	coordination
Abteilung	department, section
angemessen	properly
Anhaltspunkt	reference point
Arbeitsablauf	workflow
Aufgabe	assignment, task
Aufgabenbereich	job remit
beinhalten	to imply
den Aufstieg schaffen, befördert werden	to be promoted
Führungsverantwortung	managerial responsibility/accountability

143

für etwas vorgesehen sein	to be slated for
honorieren	to reward
horizontaler/vertikaler Stellenwechsel	lateral/vertical job mobility
jdm. die Verantwortung für etwas übertragen	to delegate responsibility, to put s/o in charge of s/th
jdm. mit allen Vollmachten ausstatten	to invest someone with full powers, grant someone full powers
Karriereentwicklung	career advancement
Lautsprecheranlage	PA (public address system)
Mitteilung	announcement, notification
Rahmenbedingung	general framework
schlecht verwalten/wirtschaften	to mismanage
Schnösel	snotty little upstart
selten, (nicht) häufig	in/frequent
sich bekennen	to declare your belief in
sich einbringen	to play a part/role in
Spannungsfeld	area of tension
(Talent) nützen	to tap (e.g. someone's talent)
Tätigkeit	job, occupation, work
übergehen	to pass over
Übertragung	devolution, conferment/delegation of powers
un/beabsichtigt	un/intentional
un/einheitlich	in/consistent
un/erheblich	in/significant, in/considerable
unsichtbare Barriere (die Frauen am Aufstieg hindert)	glass ceiling
verlassen	to walk out
Verzerrung	bias
Vorbereitung	preparation

10

Wahrscheinlichkeit	likelihood, probability, plausibility
zunehmend ≠ abnehmend	increasing ≠ decreasing
Zusammenarbeit	cooperation
Zweiter	runner-up

useful phrases – Redewendungen zu Kapitel 10	
it doesn't take a rocket scientist	man muss kein Fachmann sein
no one in their right mind	niemand, der recht bei Sinnen ist
time and again	Immer wieder, wieder und wieder
to back the wrong horse	aufs falsche Pferd setzen
to be an open secret	es ist kein Geheimnis, offenes Geheimnis
to be beside the point	nicht zur Sache gehören
to be going downhill, to be on a downward path	auf dem absteigenden Ast sein, unter den Schlitten/die Räder kommen
to be in line for	an der Reihe sein
to beard the lion in his den	sich in die Höhle des Löwen wagen
to breathe down someone's neck, micromanage, boss s/o around	in die Details einmischen, haarklein vorschreiben, jdn. herumkommandieren
to cut some slack, get off someone's case, give s/o a break	nachsichtig sein
to cut your teeth	erste Erfahrungen sammeln
to eat your heart out	rasend von Eifersucht sein
to fall between two stools	zwischen zwei Stühlen sitzen
to get the hang of	hinter etwas kommen, den Dreh heraus haben
to get too big for your boots	größenwahnsinnig werden
to go to your head	jdm. zu Kopfe steigen

Siehe CD-ROM

10

to have a chip on your shoulder	besonders empfindlich sein, sich ungerecht behandelt fühlen
to let off steam	Dampf ablassen, seinem Ärger Luft machen, sich abreagieren
to make the big time	einen herausragenden Erfolg erzielen
to pull rank	Positionsmacht missbrauchen
to pull your weight, to do your bit	sein/seinen Teil beitragen/ beisteuern, das Seinige beitragen
to put a spoke, throw a monkey wrench in the works, upset the apple cart, rock the boat	einen Knüppel zwischen die Beine werfen, jdm. einen Strich durch die Rechnung machen
to put on a brave face	gute Miene zum bösen Spiel machen
to put your cards on the table	die Karten auf den Tisch legen, mit offenen Karten spielen
to run roughshod over	mit Füßen treten, jdn. rücksichtslos übergehen
to settle old scores	eine alte Rechnung begleichen
to take your hat off, hold someone in high regard	Respekt zollen, den Hut vor jdm. ziehen, Hochachtung vor jdm. haben
to work wonders	Wunder vollbringen
to wrap your mind around	etwas verstehen

10

Die folgenden zwei Beispieldialoge vermitteln Ihnen einen lebendigen Eindruck, wie Sie eine Beförderungsentscheidung gegenüber einem Mitarbeiter, der sich übergangen fühlt, kommunizieren. Der erste Dialog gibt ein Negativ-Beispiel, was in dem Gespräch typischerweise schief gehen könnte. Der zweite Dialog zeigt einen gelungenen Gesprächsverlauf. Vielleicht sind Ihnen bestimmte Ausdrücke aus dem Beispiel unbekannt. Dann helfen Ihnen die Vokabelliste und die Sammlung von Redewendungen.

Beispieldialog: Wenn es schief läuft ...

Knut Anderson (IT specialist): Sir, you sent for me.

Tony Bradley (CEO): That's right, sonny, grab a chair. Let's not waste time and put the cards on the table: Mr. Anderson, are you working surreptitiously for one of our competitors?

Knut: Sir, with all due respect, no one in their right mind would say that.

Tony: Knock it off! Alvin has just been here to see me, and he wasn't exactly singing the praises of you.

Knut: Words fail me. What was he upset about?

Tony: Now you let me do the talking or otherwise you do the walking out. According to Alvin, you have a detrimental effect on the morale of his department. What do you have to say in your defense, Mr. Anderson?

Knut: This is a preposterous allegation! Look, boss, it's an open secret that we've recently had some disagreements about how to best meet our goals on time, but these have been friendly exchanges of opinion. I'm still shocked that he went behind my back and complained to you without even bearding first the lion in his den!

Tony: The fact is that you've tried to undermine the position of one of my direct reports. If you ignore this warning, your days in this company are numbered. Got it?

Knut: Hold on a moment, let me wrap my mind around this one. I thought it was me who was supposed to be next in line for promotion. When did he become your direct report?

Tony: Two weeks ago. You didn't stand a chance to beat him as my shoo-in candidate for the job. Alvin's managerial talent is sure to work wonders when it comes to getting people to pull their weight. Weren't you there when I announced his promotion on the PA?

Knut: Boss, I returned the day before yesterday from my yearly vacation.

Tony: That's beside the point, Mr. Anderson. Either you stop standing in Alvin's way and let him run the show, or I'm sending you back to do the rounds in the delivery track. Have I made myself clear?

Knut: Aren't you even going to ask what our argument was all about?

Tony: This won't be necessary. It doesn't take a rocket scientist to figure out that it's the green-eyed monster which rears its ugly head.

Knut: You mean, I envy him?!

Tony: Of course. His career is going onward and upward, while you've just been passed over for promotion. If I were you, I'd have all the reason in the world to eat my heart out.

Knut: I feel sorry for this company which has to suffer from your clouded judgment for the years to come. You've obviously backed the wrong horse; Alvin can't even tell a bug from a feature when he sees one. He's hopeless!

Tony: You know how the old saying goes: it takes one to know one. I've had it with you. Out! Out!

Knut: Boss, get a hold of yourself.

Beispieldialog: So machen Sie es richtig ...

Alvin Talon (head of R&D): Knut, you probably guess why I called you in here.

Knut Anderson (IT specialist): I have no idea. Why won't you tell me?

Alvin: Knut, I'm sick and tired of you questioning my authority time and again. I want to put a stop to it once and for all. Your negative attitude puts a spoke in the progress of our department.

Knut: Look, I can't simply put on a brave face. Alvin, you rose from the ranks and I take my hat off to you for this. But ever since you became head of R&D you've started micromanaging everyone and pulling rank right and left.

Alvin: Knut, don't make your problem other people's problem. We've all been under a lot of pressure lately, and it's always good to let off some steam, but I'm not going to put up with anyone who challenges my superiority.

Knut: Don't you think you're a little bit too harsh on us? Ever since you got promoted you've been running roughshod over us.

Alvin: Hmm ... I guess you do have a point there. It's difficult for me to figure out how to act the part of managing you guys. I feel I'm falling between two stools: Only yesterday we were working shoulder to shoulder, and now I feel it's you against me. I'm still cutting my managerial teeth, you know.

Knut: Getting the hang of managing people doesn't have to be like this. We all want this company to make the big time. Just cut us some slack, will you? And you need to wind down yourself.

Alvin: Point taken. Perhaps I should have sought some professional help with making a smooth transition from a run-of-the-mill employee to the up-and-coming, high-powered manager I am today. Perhaps my groundbreaking success has gone to my head.

Knut: I'm sure Regina Breuer from HR can help you deflate your self-aggrandizement.

Alvin: Thanks, Knut. I truly appreciate your opinion, thou I don't think I'm getting too big for my boots. At any rate, I'll go and see Regina this afternoon. I hope we're no longer cross with each other.

Knut: Already forgiven and forgotten.

10.3 Konkrete Anleitung zum Vorgehen

Die Beförderungsentscheidung stellt einen wichtigen Meilenstein in der Karriereentwicklung eines Mitarbeiters dar. Das Unternehmen honoriert damit Loyalität und gezeigte Leistungen. Aus der Sicht des Unternehmens ist es entscheidend, den richtigen Mitarbeiter in die richtige Position zu befördern, und ihn so in seiner Karriere unter Berücksichtigung der Unternehmensinteressen optimal voranzubringen.

> **Signalwirkung der Beförderungsentscheidung**
> Von einer Beförderung geht eine wichtige Signalwirkung aus. Der Kommunikation der Beförderungsentscheidung kommt daher entscheidende Bedeutung zu. Es gilt, die beteiligten Interessengruppen angemessen zu informieren und mit dem Beförderten und seinen Kollegen auch die weiterreichenden Konsequenzen zu besprechen.

10.3.1 Eine Beförderungsentscheidung vorbereiten

Klassischer Fall:
Führungs-
laufbahn

Eine Beförderung folgt üblicherweise dem Prinzip, dass bewährten und verdienten Mitarbeitern zusätzliche Verantwortung übertragen wird. Häufig ist mit der Beförderung auch die Gewährung zusätzlicher Privilegien verbunden (z. B. wenn ein Mitarbeiter in den Status eines leitenden Angestellten wechselt). Das klassische Beförderungskonzept sieht vor allem die Übernahme von Führungsverantwortung über eine zunehmende Zahl von Mitarbeitern beim Aufstieg in der Unternehmenshierarchie vor.

Folgt man diesem Modell, dürften aus Unternehmenssicht nur solche Mitarbeiter befördert werden, die sich verdient gemacht haben und gleichzeitig über eine ausreichende Führungskompetenz zur Erfüllung ihrer neuen Aufgabe verfügen. Nicht jeder qualifizierte Mitarbeiter kann und will allerdings im Rahmen seiner Karriereentwicklung tatsächlich Führungsverantwortung übernehmen. Daher haben viele Unternehmen neben der klassischen Führungslaufbahn alternative Karrieremodelle entwickelt, um den unterschiedlichen Fähigkeiten und Interessen ihrer Mitarbeiter besser gerecht zu werden und eine flexiblere Mitarbeiterentwicklung betreiben zu können. Die alternativen Laufbahnen stehen hinsichtlich ihrer Stellung im Betrieb, Ansehen, Image, Einkommen und Zugehörigkeit zur unternehmerischen Leitungsebene gleichberechtigt neben der Führungslaufbahn.

Laufbahnmodelle im Überblick

Im Folgenden finden Sie eine Übersicht über die etablierten Laufbahnmodelle.

* **Führungslaufbahn**

Disziplinarische
Verantwortung

Die Führungslaufbahn beinhaltet die Übertragung disziplinarischer Verantwortung gegenüber Mitarbeitern. Die Führungskraft verfügt in ihrem Bereich über die Entscheidungshoheit in strategischen und planerischen Angelegenheiten. In ihren Aufgabenbereich fällt auch ein nicht unerheblicher Teil an Administration und Organisation von Arbeitsabläufen im Team. Die Kommunikation mit anderen Abteilungen im Unternehmen und den eigenen Mitarbeitern nimmt viel Raum ein. Dies führt dazu, dass die

Führungskraft mit zunehmender Mitarbeiterverantwortung immer weniger Zeit finden wird, sich selbst inhaltlich um das Hauptaufgabengebiet ihrer Abteilung zu kümmern: Je mehr Mitarbeiter eine Führungskraft hat, desto weniger Zeit bleibt ihr, sich selbst in die operative Tätigkeit ihrer Abteilung einzubringen.

- **Fach- oder Expertenlaufbahn**

  Das Ziel der Fachlaufbahn ist es, Mitarbeiter für Themenbereiche, die für den Unternehmenserfolg besonders relevant sind, zu spezialisieren. Es gilt dabei, vorhandenes Wissen aus- und zusätzliches Know-how aufzubauen. In der Expertenlaufbahn entwickeln sich Mitarbeiter zu fachlichen Ansprechpartnern für ihre Themen. Sie sind wichtige Wissensträger und dienen als Wissensmultiplikatoren im Unternehmen. Sie haben üblicherweise keine Mitarbeiterverantwortung, sondern koordinieren gegebenenfalls Expertenteams und werden in Projekten eingesetzt. *Hochqualifizierte Expertenrolle*

- **Projektlaufbahn**

  Mitarbeiter in dieser Laufbahn führen Projektteams, die häufig abteilungsübergreifend besetzt sind, ohne jedoch mit disziplinarischer Verantwortung für ihre Teammitglieder ausgestattet zu sein. Neben dem Projektmanagement nehmen sie dabei typische Führungsaufgaben wahr (z. B. Konfliktregelung zwischen Projektmitarbeitern, Leistungs-Feedback), verfügen aber nicht über das Sanktionsinstrumentarium einer Linienführungskraft. Sozialen und kommunikativen Kompetenzen kommt daher in der Projektlaufbahn eine besondere Bedeutung zu. Neben dem Aufbau der allgemeinen Projektmanagementkompetenz spezialisieren sich die Mitarbeiter in der Projektlaufbahn häufig auf die Projektleitung in bestimmten Fachbereichen (z. B. Software-Implemetierung). Projektmanager bewegen sich im Spannungsfeld zwischen Projekt und Linie, häufig treten Interessenkonflikte mit den Linienführungskräften der Projektmitarbeiter auf, beispielsweise bei der Verteilung der Arbeitszeit. Mit zunehmender Seniorität werden den Projektleitern bedeutsamere Projekte im Hinblick auf den Beitrag zum Unternehmenserfolg, das Ausmaß der eingesetzten Ressourcen oder eine besondere Risikowahrscheinlichkeit übertragen.

10

Aus der Beschreibung der unterschiedlichen Laufbahnen wird ersichtlich, dass jeweils unterschiedliche Anforderungen an den Beförderten bestehen. Um eine optimale Passung zwischen Mitarbeiter und Position zu erreichen, sollten sowohl die Qualifikationen des Mitarbeiters im Hinblick auf die Positionsanforderungen als auch seine persönliche Motivation und Interessen berücksichtigt werden. Der folgende Abschnitt über Orientierungsgespräche zur Vorbereitung einer Beförderung liefert Ihnen dafür einige Anregungen.

Orientierungsgespräche zur Vorbereitung einer Beförderung

Welche Laufbahn- und Karriereoptionen in einem Unternehmen auch immer zur Verfügung stehen mögen – die Mitarbeiter sollten sich stets über die Konsequenzen einer Beförderung im Klaren sein. Neben positiven Aspekten, wie beispielsweise dem Angebot eines Firmenwagens, ist es wichtig, dass ein Mitarbeiter sich die mit einer Beförderung verbundene zusätzliche Verantwortung sowie seine neuen Aufgaben und Pflichten bewusst macht.

Nutzen Sie die Gelegenheit regelmäßiger Mitarbeitergespräche, um mögliche Karriere- und Beförderungsoptionen zu thematisieren. Es ist hilfreich, dabei vor allem drei Aspekte zu berücksichtigen:

1. Reflektieren Sie den bisherigen Werdegang: Welche Entwicklungs- und Karriereschritte hat der Mitarbeiter schon gemacht? Was ist ihm leicht gefallen, was waren die besonderen Herausforderungen?
2. Zeichnen Sie das Stärken- und Schwächen-Profil: Wo sieht der Mitarbeiter seine Stärken und Entwicklungspotenziale? Inwieweit teilen Sie seine Einstellungen? Beziehen Sie sich dabei auf konkrete Beispiele aus dem Arbeitsalltag.
3. Nehmen Sie einen Ausblick auf die mögliche weitere Entwicklung vor: Für welche Entwicklungs- und Karriereschritte interessiert sich der Mitarbeiter? Welche Möglichkeiten bestehen im Unternehmen? Decken sich die Interessen des Mitarbeiters mit seinem Stärken-Schwächen-Profil? Wo ergeben sich Unstimmigkeiten? Welche Konsequenzen bringt eine Beförderung mit sich?

Beispiel:

Herr Koch ist bei seinen Kollegen sehr beliebt und als umgänglicher Typ bekannt. Er selbst legt großen Wert auf eine harmonische Arbeitsatmosphäre. Da er gut mit anderen auskommt, spielt er mit dem Gedanken, eine Führungsposition als Abteilungsleiter anzustreben. Im Orientierungsgespräch mit seinem Vorgesetzten werden auch die unangenehmen Aufgaben, die mit einer entsprechenden Führungsverantwortung verbunden sind, thematisiert (z. B. das Aussprechen einer betriebsbedingten Kündigung gegenüber einem befreundeten Mitarbeiter). Herr Koch war sich dieser Konsequenzen der Übernahme einer Führungsposition nicht bewusst und ist sich sicher, dass er mit einer derartigen Situation nicht klarkommen würde. In Absprache mit seiner Führungskraft will er daher zunächst seine Expertenrolle im Unternehmen ausbauen.

Es ist hilfreich, wenn Sie in Ihrem Unternehmen einheitliche Richtlinien für Beförderungen anwenden. So gewährleisten Sie die Transparenz und Fairness von Beförderungsentscheidungen. Außerdem können Sie diese Richtlinien auch als Anhaltspunkt für Orientierungsgespräche verwenden.

Einheitliche Richtlinien

Tipp:

Definieren Sie für die Beförderungsstufe in jeder Laufbahn einen Katalog mit Beförderungskriterien. Diese Kriterien sollten die wesentlichen formalen Voraussetzungen (z. B. Berufserfahrung) sowie die erforderlichen fachlichen und überfachlichen Kompetenzen enthalten. Benennen Sie die Beförderungsstufen unternehmensweit mit einheitlichen Titeln (z. B. Manager, Senior Manager, Expert, Senior Expert, usw.).

10

Bei einer Beförderung sollten zudem auch immer unternehmerische Überlegungen eine Rolle spielen. Überlegen Sie bei der Planung und Vorbereitung von Beförderungsentscheidungen, wie viele Positionen Sie in einem bestimmten Zeitraum benötigen und realistischerweise besetzen können. Da sich daraus oftmals auch Beschränkungen für das Aussprechen von Beförderungen ergeben, sollten Sie diese unternehmerischen Rahmenbedingungen gegenüber Ihren Mitarbeitern ebenfalls transparent machen.

Unternehmerische Rahmenbedingungen

10.3.2 Die Beförderungsentscheidung kommunizieren

Unterschiedliche Interessengruppen

Wenn die Beförderungsentscheidung getroffen wurde, gilt es, diese gegenüber den Beteiligten und betroffenen Interessengruppen zu kommunizieren. Zunächst sollte der Beförderte selbst informiert werden. Anschließend gilt es, Vereinbarungen für die Zusammenarbeit in seiner neuen Position zu treffen. Weiterhin müssen die Kollegen im Team und allgemein im Unternehmen sowie eventuell auch externe Geschäftspartner wie Kunden und Lieferanten in Kenntnis gesetzt werden. Die Verantwortung für die Kommunikation der Beförderungsentscheidung sollte bei der zuständigen Führungskraft liegen.

Das Beförderungsgespräch

Im Beförderungsgespräch wird dem beförderten Mitarbeiter die freudige Nachricht überbracht. Es sollte unter vier Augen zwischen dem Vorgesetzten und seinem Mitarbeiter geführt werden. Dabei sind inhaltliche und formale Aspekte zu unterscheiden:

Formale und inhaltliche Aspekte

- Inhaltliche Aspekte: Eröffnen Sie das Gespräch, indem Sie Leistung und Verdienste des Mitarbeiters würdigen, die der Beförderungsentscheidung zugrunde liegen. Dem Mitarbeiter sollte klar sein, wie die Entscheidung begründet ist. Geben Sie positives Feedback. Weiterhin sollten Sie auch einen Ausblick auf die zukünftigen Aufgaben und Pflichten des Mitarbeiters in seiner neuen Position geben. Signalisieren Sie Zuversicht und Vertrauen in seine Fähigkeiten. Ohne diese Voraussetzungen wäre die Entscheidung schließlich kaum zustande gekommen.

- Formale Aspekte: Besprechen Sie alle organisatorischen und administrativen Details, die die Beförderung mit sich bringt. Zeigen Sie auf, welche Rahmenbedingungen sich ändern (z. B. Arbeitszeitmodell, Wechsel des Arbeitsplatzes, Gehaltsstruktur) und welche Privilegien eventuell mit der Beförderung verbunden sind (z. B. Teilnahme am Firmenwagen- oder Mitarbeiterbeteiligungsprogramm). In manchen Firmen werden im Rahmen von Beförderungen auch neue Gehaltsverhandlungen geführt.

Information des Teams

Als nächstes sollten die unmittelbaren Kollegen des Beförderten von der Entscheidung in Kenntnis gesetzt werden. Da eine Beförderungsentscheidung häufig eine gewisse Teamdynamik auslöst, sollten Sie die Kommunikation aktiv steuern. Dazu gehört, dass alle Kollegen im Team möglichst gleichzeitig informiert werden, um keinen einseitigen Informationsvorsprung zu schaffen und einer eventuellen Gerüchtebildung vorzubeugen. Ein gemeinsames Teammeeting bietet einen guten Rahmen für die Information der Kollegen.

Kommunikation aktiv steuern

Bekennen Sie sich klar zu der Beförderungsentscheidung. Würdigen Sie auch die Leistungen des Teams und drücken Sie Ihre Erwartungen im Hinblick auf die zukünftige konstruktive Zusammenarbeit aus. Geben Sie einen Ausblick auf die unmittelbar anstehenden Aufgaben und thematisieren Sie die Veränderung in der Teamkonstellation. Insbesondere wenn die Beförderung die Übernahme von Führungsverantwortung innerhalb des Teams mit sich bringt, einer aus dem Kollegenkreis also zu einem Vorgesetzten wird, ist es wichtig, der neuen Führungskraft den Rücken zu stärken.

> **Achtung:**
> Häufig gibt es mehrere Anwärter auf eine Beförderung, von denen nicht alle berücksichtigt werden können. Achten Sie genau auf die Reaktionen dieser Mitarbeiter nach Bekanntwerden der Beförderungsentscheidung. Es kann möglicherweise sinnvoll sein, zusätzliche Einzelgespräche zu führen, um die konstruktive Zusammenarbeit im Team des Beförderten sicherzustellen.

10

Kommunikation im Betrieb und gegenüber Geschäftspartnern

Schließlich sollten Sie dafür sorgen, dass die Beförderungsentscheidung allgemein publik gemacht wird und alle Beteiligten im Unternehmen sowie die relevanten Kontaktpersonen aus dem Unternehmensumfeld über die Beförderung in Kenntnis gesetzt werden.

In vielen Unternehmen gibt es regelmäßige Beförderungsrunden, deren Resultate dann beispielsweise über die Mitarbeiterzeitung oder das Intranet kommuniziert werden. Auch Kunden und Lieferanten sollten eine kurze Mitteilung erhalten, falls die Beförderung

Interne und externe Kommunikation

Auswirkungen auf die Zusammenarbeit hat, weil sich beispielsweise Zuständigkeiten oder Ansprechpartner ändern.

> **Tipp:**
> Wenn sich ihr Mitarbeiter aufgrund einer Beförderung als neue Kontaktperson für ihre Geschäftspartner empfiehlt oder Sie den Nachfolger eines beförderten Mitarbeiters bekannt machen möchten, sollten Sie die Vorstellung persönlich übernehmen. Sie verschaffen ihrem Mitarbeiter damit eine gute Ausgangsposition für den weiteren Ausbau der Geschäftsbeziehungen.

10

11 Die Abmahnung eines Mitarbeiters

Sie erfahren in diesem Kapitel,
* worauf Sie bei einer Abmahnung grundsätzlich achten müssen,
* wie Sie eine Abmahnung erteilen und
* wie Sie ein Abmahnungsgespräch durchführen.

11.1 Überblick zum Vorgehen

Hier erfahren Sie übersichtlich zusammengefasst, wie Sie bei einer Abmahnung Ihres Mitarbeiters vorgehen. Weiterführende Informationen und Tipps finden Sie nach dem englischen Teil in Kapitel 11.3.

Vorbereitung der Abmahnung (siehe auch Kapitel 11.3.1)
Bereiten Sie die Abmahnung schriftlich vor:
• präzise Beschreibung des Fehlverhaltens (Häufigkeit und Zeitangaben)
• Hinweis auf arbeitsrechtliche Konsequenzen
Entscheiden Sie: außerordentliche Kündigung wegen schwerer Verfehlung?
Mahnen Sie zeitnah ab!
Planen Sie 15-25 Minuten für das Gespräch ein.
Gesprächsablauf (siehe auch Kapitel 11.3.2)
Gesprächsziel
Mitarbeiter detailliert auf Fehlverhalten hinweisen
Deutlich machen: im Wiederholungsfall drohen arbeitsrechtliche Konsequenzen bis hin zur Kündigung.
Hauptteil des Gesprächs
Abmahnung detailliert und nachvollziehbar begründen
Mitarbeiterperspektive erfragen

Siehe CD-ROM

Mit dem Mitarbeiter Lösungen für eine Verhaltensänderung erarbeiten	
Dem Mitarbeiter ggf. Unterstützung anbieten	
Gesprächsabschluss	
Den Mitarbeiter Informieren: Abmahnung wird der Personalakte beigefügt.	

11.2 Vocabulary and dialogues

In Kapitel 11.2 finden Sie Arbeitshilfen in englischer Sprache für die sprachliche Vorbereitung Ihrer Personalarbeit:
- eine Liste mit englischen Vokabeln, die Sie für eine Abmahnung benötigen
- Beispieldialog in englischer Sprache
- Muster: Warning (schriftliche Abmahnung)

Siehe CD-ROM

Die wichtigsten Vokabeln zu Kapitel 11	
abmahnen	to admonish/to give someone a (written) warning
Abmahnung	reprimand, dissuasion
Abwesenheitsrate	rate of absenteeism
Annahme von Schmiergeldern	acceptance of bribe money
Arbeitsgericht	labour court
Arbeitsrecht	labour law
Arbeitsverhältnis	employment contract
Arbeitsverweigerung	refusal to work
begründet	well-founded, justified
Beleidigung von Arbeitgeber oder Kollegen	insult to employer or colleagues
Betriebsrat	staff council, works council
Betrug	swindle, fraud
Beweis	proof
beweisen	prove

die Dinge beim Namen nennen	call a spade a spade
Diebstahl	theft
Einhaltung, Erfüllung	compliance
eklatant, offensichtlich, unverhohlen	blatant
Fehlverhalten	misconduct
formaler Akt	formal act
Führungsinstrument	leadership (or managment) tool
Fürsorgepflicht	duty of care
geldwerter Vorteil	non-cash benefit (finanz.) benefit in money's worth (jurist.)
Gesundheitsrisiko	health hazard
Konsequenzen	consequences
kündigen	terminate
Kündigung	notice of dismissal (by employer)
Kündigung	notice to quit (by employee)
mangelhafte Erledigung übertragener Aufgaben	inadequate execution of assigned duties or tasks
Manipulation von Reisekosten oder Arbeitszeit	manipulation of travel expanses or working hours
Missachtung von Sicherheitsvorschriften	disregard of safety regulations
Personalakte	personnel file
präzise Beschreibung	precise description
Rüge	reproof
Schaden, Schädigung	damage
Schutzkleidung	safty clothing
Schwere	gravity
Schmiergeld	bribe, slush money
Sicherheitsschuhe	safty shoes with steel toe cap
strafbare Handlungen mit	criminal offences with

Auswirkungen auf den Betrieb	repercussions for the company
Strafrecht	criminal law
Unterschlagung	embezzlement
Verallgemeinerung	generalisation
Verhaltensänderung	change of behaviour
Verrat von Betriebsgeheimnissen	betrayal of company secrets
versetzen	transfer, to post someone somewhere
Verstoß gegen Alkohol-/ Rauchverbot	breach of smoking ban/prohibition
Verstoß gegen Wettbewerbsverbote	breach of the non-competition clause
vorgeschrieben	mandatory
Warnung	warning
Weigerung, vertretungsweise Aufgaben wahrzunehmen, die von den üblichen abweichen	refusal to perform tasks as a stand-in which differ from normal responsibilities
wiederholtes, unentschuldigtes Fernbleiben	repeated absenteeism without permission
zeitnah	prompt
zivilrechtlich	by civil law

Der Beispieldialog auf den folgenden Seiten vermittelt Ihnen einen lebendigen Eindruck, wie eine Abmahnung in englischer Sprache ablaufen könnte. Wenn Ihnen bestimmte Ausdrücke aus dem Dialogbeispiel unbekannt sind, hilft Ihnen die Vokabelliste.

> **Tipp:**
>
> Gerade bei einem Abmahnungsgespräch kommt es auf präzise Formulierungen an, denn Ihre Äußerungen bzw. Ihr Schreiben muss im Zweifelsfall auch vor Gericht Bestand haben. Im Rahmen einer gründlichen Vorbereitung auf die englischsprachige Sitzung ist es daher sinnvoll, sich die entsprechenden Redewendungen zurechtzulegen.

Beispieldialog: So machen Sie es richtig ...

Jane (Manager HR): Good morning Bob. Thank you for coming into my office right away. I think you know the topic of our conversation, so I can spare us the preliminaries.

Bob: Sure, I know what this is all about. You see me as a threat to your authority ...

Jane: Not at all. Let's start from the beginning. With all due formality I must inform you that I have decided to hand you a reprimand. Here it is. Read it and then I will give you some further information. (...)

Bob: So, you want to get rid of me, then?

Jane: That depends on you! As you can see, this letter gives you a very clear indication as to the expected behaviour. It is absolutely not tolerable if you act blatantly against existing safety regulations. That would not only set a wrong example for others, but it is also against the law. If I overlooked this I would be negligent in my duty. You absolutely have to wear protective clothing! What I do not understand is the following: All this is not new to you. Why did you refuse? And please don't tell me anything about the gear not being fashionable etc.

Bob: But it isn't!

Jane: Right. We are talking about potential health hazards ...

Bob: Ok. That is part of the reason. The other part is that these clothes are new and very uncomfortable – as you well know. Workers have complained about it and the staff council has done so as well. But no changes are forthcoming.

Jane: True. There were a number of well-founded objections. However refusing to wear it does not help. I think part of the reason is also that you did not want to be transferred to my department in the first place. Is that right?

Bob: Yes, you are right. Nothing against any of the colleagues – but I liked the work I had, and I did not feel treated fairly when the decision was made to post me to this department.

Jane: If you wish I could help you get another transfer – maybe not back to your old area, but ...

Bob: That, I would appreciate. Since that addresses my reasons for the little mistake perhaps we could ignore your letter.

Jane: Unfortunately that is not so. Ok, we agree to find you another position. Fine. Let me think about that and we can talk about a transfer in detail next week. Nevertheless, I am obliged to hand you this letter. Your conduct was – and is – indeed unacceptable. Also, as you can see from this letter, there is another reason for the reprimand: You were accused of taking bribes last month and I informed you on 15th February that we would conduct an investigation. Unfortunately for you we found that you indeed had taken gifts from one of the suppliers, which is not in accordance with our in-house regulations and our industry's code of conduct.

Bob: But that was only a very small non-cash benefit.

Jane: It constitutes a "benefit in money's worth" – which is the legal term as you may know. Bob, let's call a spade a spade: You took that supplier's money and he was hoping for a little help from you during the upcoming negotiations. But you are right to mention the small amount: that is the reason why this is only a letter of reprimand and not a notice of dismissal!

So, in conclusion: The letter of dissuasion stands. You are not to repeat the reprimanded behaviour in any way. At the same time, we will find a way to transfer you to another department, which addresses your grievances. Agreed?

Bob: I think I accept that – I would just like to talk to someone from the works council first.

11

Muster: Warning (Abmahnung)

Siehe CD-ROM

Warning

7th March 2007

Dear Bob Smith,

After two years of employment by our company you were transferred to the current department last month. Before that change your conduct had been without fault and the quality of your work had been recommended on two occasions.

However, according to our observation, you have refused to dress in the mandatory protective clothing on 3rd March 2007. After a request by the shift manager, you responded by saying that you find neither the protective clothing nor the safety shoes "fashionable"; thus you used your private clothing instead.

We advise you of the fact that we cannot approve of this behaviour under any circumstances. Should you refuse to wear adequate protective clothing again, your employment contract will be terminated.

We also advise you of the fact that the conclusions of the internal investigation about the bribery charges against you were not favourable. It was proven that you had accepted gifts from one of our suppliers. Since the sum was only minor, we are satisfied with the pronouncement of this formal first dissuasion.

In case any damage has been incurred by your behaviour we reserve the right to take legal action at a later date, i.e. steps according to either criminal or civil law.

Please do understand that this is not only a formal warning: If you do not stop the reprimanded behaviour immediately we will have no choice but to terminate your contract.

Sincerely,

(signature)

11

11.3 Konkrete Anleitung zum Vorgehen

Konsequenzen für alle Beteiligten

Das Instrument der Abmahnung sollte mit Bedacht eingesetzt werden. Denn die Abmahnung hat nicht nur für den betroffenen Mitarbeiter, sondern für das gesamte Team Konsequenzen. Wenn Kritikgespräche nicht den gewünschten Erfolg gezeigt haben oder es sich um eine schwerwiegende Verfehlung handelt, muss jedoch eine Abmahnung ausgesprochen werden.

Welche Ziele werden mit der Abmahnung verfolgt?

Die Literatur schreibt der Abmahnung zwei Funktionen zu, nämlich eine so genannte Rüge- und Warnfunktion. Das Fehlverhalten des Mitarbeiters wird durch die Abmahnung gerügt. Darüber hinaus wird der betroffene Mitarbeiter gewarnt, dass arbeitsrechtliche Konsequenzen bis hin zur Kündigung drohen, wenn keine Verhaltensänderung eintritt.

Motivation oder Demotivation?

Viele Führungskräfte verfolgen mit der Abmahnung noch ein weiteres Ziel: Der Mitarbeiter soll zur Verhaltensänderung motiviert werden. Wenn Sie Ihren Mitarbeiter zu besserer Leistung motivieren wollen, sollten Sie andere Führungsinstrumente einsetzen. Denn gerade bei verdienten Mitarbeitern kann der formale Akt der Abmahnung eine negative Wirkung haben. Der Mitarbeiter empfindet die Abmahnung möglicherweise als vorschnell und anonym. Vor allem, wenn die Abmahnung nur schriftlich übermittelt wird, entsteht leicht der Eindruck, dass die Führungskraft das persönliche Gespräch vermeiden wollte. Der Mitarbeiter sollte grundsätzlich die Möglichkeit haben, seine Sicht der Dinge darzulegen.

Deswegen ist es äußerst wichtig, dass Sie sorgsam mit dem Instrument der Abmahnung umgehen und es erst dann einsetzen, wenn vorherige Gespräche (z. B. ein Fehlzeiten- oder Kritikgespräch) nicht das gewünschte Ergebnis erzielt haben.

11.3.1 Eine Abmahnung vorbereiten

Im Folgenden werden notwendige Vorbereitungen, wissenswerte Informationen sowie das Ziel eines Abmahnungsgesprächs dargelegt. Darüber hinaus erfahren Sie, wie Sie eine Abmahnung strukturiert aufbauen und einen verbindlichen Gesprächsabschluss finden.

Einladung

Es ist ausreichend, wenn Sie den Mitarbeiter kurz vor dem Gespräch einladen. Sie sollten aber darauf achten, dass eine Abmahnung zeitnah zu dem Fehlverhalten ausgesprochen wird. Im Regelfall genügt es daher, den Mitarbeiter mündlich einzuladen.

Mahnen Sie zeitnah ab!

Zeitrahmen

Wenn Sie entschieden haben, den Mitarbeiter abzumahnen, liegt der größte Gesprächsanteil bei der Führungskraft, der die Abmahnung ausspricht und begründet. Trotzdem sollten Sie die Mitarbeiterperspektive erfragen. Deswegen ist es angemessen, 15 bis 25 Minuten für das Mitarbeitergespräch einzuplanen.

Planen Sie 15 bis 25 Minuten ein

Gründe für eine Abmahnung

Die Gründe für eine Abmahnung lassen sich in zwei Bereiche unterteilen: Entweder geht es um verminderte Arbeitsleistung oder es liegt ein Vertrauensbruch vor.

Abmahnungsgründe bedingt durch die Arbeitsleistung:

Mangelhafte Arbeitsleistung

* Arbeitsverweigerung
* Wiederholtes, unentschuldigtes Fernbleiben
* Mangelhafte Erledigung übertragener Aufgaben
* Verstoß gegen Alkohol-/Rauchverbot
* Weigerung, vertretungsweise Aufgaben wahrzunehmen, die von den üblichen abweichen
* Missachtung von Sicherheitsvorschriften
* Überziehung von Pausenzeiten

Abmahnungsgründe bedingt durch gestörtes Vertrauen:

Gestörtes Vertrauen

* Diebstahl, Betrug, Unterschlagung
* Verstoß gegen Wettbewerbsverbote
* Annahme von Schmiergeldern
* Beleidigung von Arbeitgeber oder Kollegen
* Verrat von Betriebsgeheimnissen
* Manipulation von Reisekosten oder Arbeitszeit
* Begehen von strafbaren Handlungen, sofern sie Auswirkungen auf den Betrieb haben

11

Bei schwerwiegenden Verstößen im so genannten Vertrauensbereich ist eine Kündigung auch ohne vorherige Abmahnung zulässig. Mehr dazu erfahren Sie in Kapitel 12.

Abmahnungen grundsätzlich schriftlich

Nutzen Sie die Schriftform!

Die Form der Abmahnung ist rechtlich nicht vorgeschrieben. Auch eine mündliche Abmahnung wäre also rechtswirksam. Aus Gründen der Beweisführung sollten Sie die Abmahnung trotzdem in jedem Fall schriftlich formulieren.

Achtung:
Abmahnungen sollten immer schriftlich formuliert und der Personalakte beigefügt werden.

Präzise Beschreibung des Fehlverhaltens

Fehlverhalten präzise beschreiben

Die Abmahnung erfordert eine präzise Beschreibung des Fehlverhaltens, um rechtlich Bestand zu haben. Beschreiben Sie den Vorfall mit Datumsangabe und vermeiden Sie Verallgemeinerungen. Die Aussage „Ständig kommen Sie zu spät" im Abmahnungsschreiben ist zu unkonkret. Als Kündigungsgrund würde sie vermutlich von keinem Arbeitsgericht anerkannt werden.

Indem Sie das Fehlverhalten des Mitarbeiters präzise beschreiben, wird der Rügefunktion der Abmahnung genüge getan.

Beispiel: Beschreibung des Fehlverhaltens
„Nach unseren Feststellungen haben Sie am 03.03.2006 verweigert, die vorgeschriebene Schutzkleidung zu tragen. Bei Aufforderung des zuständigen Schichtführers, erwiderten Sie, dass Sie die Schutzkleidung und Sicherheitsschuhe als „nicht modisch" empfinden und daher Ihre private Kleidung nutzen wollen."

Um darüber hinaus auch der Warnfunktion gerecht zu werden, müssen Sie mögliche arbeitsrechtliche Konsequenzen bei erneutem Fehlverhalten beschreiben:

Beispiel:
„Wie weisen Sie darauf hin, dass wir dieses Verhalten nicht billigen können. Sollten Sie erneut die adäquate Schutzkleidung verweigern, müssen Sie mit einer Kündigung Ihres Arbeitsverhältnisses rechnen."

11.3.2 Ein Abmahnungsgespräch durchführen

Gesprächsziel

Die Abmahnung hat vor allem zwei Ziele:

- Der Mitarbeiter soll detailliert auf sein Fehlverhalten hingewiesen werden (Rügefunktion)
- Dem Mitarbeiter muss klar werden, dass im Wiederholungsfall arbeitsrechtliche Konsequenzen bis hin zur Kündigung drohen (Warnfunktion).

Darüber hinaus ist es sinnvoll, einer möglicherweise demotivierenden Wirkung der Abmahnung entgegenzuwirken. Dies kann nur gelingen, wenn Sie die Mitarbeitersicht vor dem Aussprechen der Abmahnung gehört und die Notwendigkeit der Abmahnung nachvollziehbar begründet haben.

Gesprächsverlauf

Eröffnen Sie dem Mitarbeiter ohne Umschweife, dass Sie eine Abmahnung aussprechen müssen, und legen Sie detailliert die Gründe hierfür dar. Sie können an dieser Stelle ausführen, weshalb Sie sich für eine Abmahnung entschlossen haben (Wirkungen im Team, Verbindlichkeit von Vereinbarungen etc.).

Kommen Sie direkt zum Punkt

> **Tipp:**
> Wenn Sie sich für eine Abmahnung entschieden haben, sollten Sie dabei bleiben und sich nicht „erweichen" lassen. Auch wenn der Mitarbeiter Besserung verspricht, sollten Sie konsequent bleiben und die Abmahnung aussprechen.

Nach dem Aussprechen der Abmahnung haben Sie die Möglichkeit, die Mitarbeiterperspektive zu erfragen und eventuell gemeinsame Lösungen für eine Verhaltensänderung zu erarbeiten. Hier ist es gegebenenfalls sinnvoll dem Mitarbeiter Unterstützung anzubieten.

Gesprächsabschluss

Zum Abschluss des Gesprächs sollten Sie den Mitarbeiter informieren, dass die Abmahnung der Personalakte beigefügt wird.

12 Die Kündigung eines Mitarbeiters

Sie erfahren in diesem Kapitel,
- worauf Sie bei einer Kündigung grundsätzlich achten müssen,
- wie Sie eine Kündigung vorbereiten und
- ein Kündigungsgespräch führen.

12.1 Überblick zum Vorgehen

In der folgenden Übersicht sind die wichtigsten Punkte übersichtlich zusammengefasst, die Sie bei einer Kündigung beachten müssen. Weiterführende Informationen und Tipps finden Sie nach dem englischen Teil in Kapitel 12.3.

Siehe CD-ROM

Vorbereitung der Kündigung (siehe auch Kapitel 12.3.1)	
Arbeitsrechtliche Voraussetzungen klären (Abmahnung erfolgt?)	
Schriftform der Kündigung beachten	
Kündigung detailliert (schriftlich) begründen	
Zeitpunkt der Kündigung beachten (nicht am Freitag!)	
Prüfen, ob Outplacement bzw. Bewerbungsberatung möglich ist	
Vor dem Kündigungsgespräch: Reaktion des Mitarbeiters einschätzen	
Ablauf des Kündigungsgesprächs (siehe auch Kapitel 12.3.2)	
Gesprächsziel	
Mitarbeiter detailliert auf Fehlverhalten hinweisen	
Kündigung wertschätzend aber konsequent aussprechen	
Hauptteil des Gesprächs	
Kündigung ohne Umschweife aussprechen	
Kündigung sorgfältig und nachvollziehbar begründen	

Gesprächsabschluss	
Für einen konkreten Gesprächsabschluss sorgen.	
Falls möglich: Unterstützung anbieten (Outplacement, Bewerbungshilfen)	

12.2 Vocabulary and dialogues

In Kapitel 12.2 finden Sie Arbeitshilfen in englischer Sprache für die sprachliche Vorbereitung Ihrer Personalarbeit:

- eine Liste mit englischen Vokabeln, die Sie im Rahmen einer Kündigung benötigen
- zwei Beispieldialoge in englischer Sprache

Siehe CD-ROM

Die wichtigsten Vokabeln zu Kapitel 12	
Abfindung, Abstandszahlung	compensation, indemnity, termination pay
Abmahnung	Warning
Ankündigung einer Krankheit	announced sick leave
Annahme von Schmiergeldern	bribe-taking
Anschuldigung, Behauptung	allegation
arbeitsrechtliche Voraussetzungen	conditions of employment law
außerordentliche Kündigung	extra-ordinary dismissal
Begehen einer strafbaren Handlung	perpetration of a criminal offence
Betroffene	the affected people
Betrug	fraud, cheating
Dauer	duration
detaillierte Angabe von Gründen	detailed statement of resons
Diebstahl	theft
drastischer Schritt	drastic step
Entlassung	dismissal (vom Arbeitgeber) resignation (vom Arbeitnehmer)

12

169

Entlassungsgrund	cause of dismissal
Entlassungspapiere	letter of dismissal
falsch, unwahr, verlogen	false
Fälschen eines Krankheitsnach-weises oder ärztlichen Attests	forgery of an evidence of sickness or a medical certificate
Firmenplakette, Dienstmarke	company badge
fristlose Entlassung	dismissal without notice, instant dismissal
Grund	reason
Handtasche	handbag (US: purse)
Inhalt	content
interne Untersuchung	internal investigation
Konsequenzen	consequences
kündigen, abbrechen	to terminate
Kündigungsmitteilung	dismissal notice
kurzfristig	short-term, on short notice
Mobbing	harassment
ordentliche Kündigung	contractual notice of dismissal
schwerwiegende Verfehlung	grave misconduct
schwerwiegendes Verletzen der Sorgfaltspflicht	grave violation of due dilligence
Selbstwertgefühl	self-esteem, self-respect
soziale Stigmatisierung	social stigmatisation
Strafanzeige	criminal information
Termin	date
Unsicherheit	uncertainty (der Umstände), insecurity (innere Haltung)
Unterschlagung	embezzlement
Vernachlässigung	negligence
Vernachlässigung der geschäftlichen Pflichten	neglect of business

Verrat von Betriebsgeheimnissen	betrayal of company secrets
Verstoß gegen das Wettbewerbsverbot	breach of the non-competition clause
zerrüttetes Vertrauensverhältnis	shattered mutual trust

Die folgenden zwei Dialoge vermitteln Ihnen einen lebendigen Eindruck, wie ein Kündigungsgespräch in englischer Sprache ablaufen könnte. Der erste Dialog gibt ein Negativ-Beispiel, was in dem Gespräch typischerweise schief gehen könnte. Der zweite Dialog zeigt einen gelungenen Gesprächsverlauf. Vielleicht sind Ihnen bestimmte Ausdrücke oder Redewendungen aus dem Beispiel unbekannt. Dann helfen Ihnen die Vokabelliste und die Sammlung von Redewendungen.

Beispieldialog: Wenn es schief läuft ...

Bob (HR Manager): Good morning, Jane.

Jane: Hi. How are you?

Bob: Well, I don't like beating about the bush. And you must have seen it coming. I am afraid I need to terminate your contract immediately. I'll have to ask you to go directly to your office, pack your personal belongings, hand in your company badge and leave the premises within an hour. Ms Schmidt will stay with you at all times.

Jane: What? This is ridiculous. Why do you do this?

Bob: Two reasons: You are charged with attacking a colleague and the result of an internal investigation is that you have taken bribes from a competitor. We are not sure yet if you have also disclosed any company secrets to them but the final report has not been completed.

Jane: But those are false allegations. I am sure we can clarify all points.

Bob: I am sorry, but this is not open to discussion. I am not negotiating with you. I am informing you about a decision that was made last night by Head of Sales and the board members. After hearing witnesses, we came to the conclusion that you had hit Mrs Myers last week in the morning of the 24th. You shouted at her, insulted her and used your purse to swing at her. She had to go to see a doctor, as you know.

12

According to our report you were paid 200,000 euros by one of our competitors. According to our sources you received the payment on the 27th via your account. That will be part of a criminal investigation we filed this morning. As I said, we have not determined yet if you sold samples of our new product to them. But we are on the ball. I think I don't need to describe in detail the consequences.

Jane: Nonsense! Ok, maybe this is no longer a trustful relationship. We should then talk about the terms. Maybe some compensation would be in order after 20 years in this company.

Bob: I am afraid that is not so. There is nothing to talk about precisely because you violated the trust we placed in you.

Jane: Look, I am going through a difficult time, ok? I am in the middle of a divorce. An ugly one. I have to come up with the cash and I am under pressure. What am I to do? They knew and used it against me. And Sabine got on my nerves many times. You know that.

Bob: You should have come to me – now it is too late. I understand your situation. But that is in no way a licence to use violence, steal or take bribes. That is unacceptable.

Here is Ms Schmidt. Please go with her. Good bye.

Beispieldialog: So machen Sie es richtig ...

Susan: Hello Walter. How are you?

Walter: OK. And you?

Susan: Not bad. Walter, I am going to tell you some bad news, I'm afraid. You remember receiving three letters of dissuasion during the last half year. They all had one and the same reason: your negligence. Time and time again I have personally told you to put on the protective gear and you refused. At the beginning you said 'yes' but acted otherwise. Six months ago I handed you the first letter with a detailed description of what you had to change. Two months later: the same process. Now my patience is over.

Walter: Well I just forgot. Sorry, it won't happen again. As I promised last time I will change – and I have, haven't I? I've been wearing the gear every day. Only last Wednesday I forgot, unfortunately. Can't we talk about this?

Susan: I am afraid the answer has to be 'no'. We did talk about all those points. I gave you lots of time to change. And nothing happened. Last Wednesday may or may not have been a coincidence. But what about last Tuesday? What about you not instructing your team members to wear the gear? For two weeks nobody in your team wore the gear and none of the new people received any safety instructions. Strictly speaking, none of them had any clearance to be in a hazardous area at all.

Walter: Well, technicalities and details. We had work to do. What's the priority around here: getting the job done or going to training?

Susan: Why do you ignore the potential damage for these colleagues? Are you prepared to explain to their wives that they were severly injured because they had had no helmet? Luckily, you don't have to.

Walter: But nothing happened ...

Susan: Yes, and with every sentence you are proving my point: you do not have the sensitivity nor the understanding to work in such areas. This company is no longer prepared to risk paying tons of money in compensation. If we did not take any action we would be liable as soon as something happens. So this is it.

Walter: What do you mean "this is it"? How am I to earn a living?

Susan: Perhaps you can take this as an opportunity. We are prepared to offer something to you. If you agree we would pay a further education for you that would allow you to work in a related field – with non-hazardous material. After that we would even support your job application to one of our subsidiaries in Berlin.

Walter: What? That's all? Some chicken feed?

12

Susan: I understand your feelings. That's why I asked the personnel department to come up with this idea. The reason for this very generous offer is the long time you have worked for us. Ten years and most of the time without any problems. Think about it. Don't say 'yes' or 'no' immediately. The offer stands – as does the termination of your contract.

Walter: Ok I'll do that. And I'll let you know by the end of the week.

Susan: Fine.

12.3 Konkrete Anleitung zum Vorgehen

Positive und negative Folgen der Kündigung

Eine Kündigung stellt für den betroffenen Mitarbeiter einen drastischen Schritt dar. Sie verunsichert ihn und verletzt möglicherweise sein Selbstwertgefühl. Dennoch kann eine Kündigung mittelfristig nicht nur für das Unternehmen, sondern auch für den betroffenen Mitarbeiter positive Folgen haben. Der Wechsel des Arbeitsplatzes bietet auch die Chance der Neuorientierung. Die Potentiale des Mitarbeiters werden möglicherweise in einer neuen Tätigkeit besser genutzt.

> **Achtung:**
> Die Art und Weise, wie gekündigt wird, berührt die Außenwirkung, das Image, Ihres Unternehmens. Ein Mitarbeiter, der sich schlecht behandelt fühlt, wird dies seiner Umwelt mitteilen – ähnlich wie ein unzufriedener Kunde. Deswegen sollten Sie die Wirkung des Kündigungsgesprächs nicht unterschätzen.

Im Folgenden werden notwendige Vorbereitungen, wissenswerte Informationen sowie das Ziel einer Kündigung dargelegt. Darüber hinaus erfahren Sie, wie Sie ein Kündigungsgespräch strukturiert aufbauen und einen verbindlichen Gesprächsabschluss finden.

12.3.1 Vorbereitung der Kündigung

Wenn Sie die Kündigung sorgfältig vorbereitet haben, sollten Sie im Verlauf eines Kündigungsgesprächs keine Schwierigkeiten haben, die Ziele im Auge zu behalten: die Aussprache der Kündigung und die detaillierte Erläuterung der Gründe. Darüber hinaus sollten Sie – entsprechend den Umständen – auch Verständnis für emotionale Reaktionen Ihres Mitarbeiters zeigen und eventuell mögliche Angebote zur Unterstützung des Mitarbeiters klar formulieren.

Zeitpunkt der Kündigung

Kündigen Sie nicht am Freitag!

Viele Experten raten dazu, ein Kündigungsgespräch nicht am Freitag durchzuführen: Obwohl der Mitarbeiter am Wochenende die Gelegenheit hätte, seine Kündigung in Ruhe zu überdenken, könnte er sich andererseits auch allein gelassen fühlen und in eine Krise geraten, wenn es keinen Ansprechpartner gibt.

Arbeitrechtliche Vorbereitungen

Viele Kündigungsformen setzen voraus, dass eine Abmahnung im Vorfeld erteilt wurde In der Abmahnung muss das Fehlverhalten des Mitarbeiters präzise beschrieben und dokumentiert werden (vgl. Kapitel 11).

Inhaltliche Vorbereitung

Gerade wenn Sie unsicher sind, wie die Kündigung übermittelt werden soll, werden Sie sich bewusst, welche Konsequenzen ein Nicht-aussprechen oder Aufschieben der Kündigung für das Unternehmen hätte. Versuchen Sie darüber hinaus, gedanklich vorwegzunehmen, wie der Mitarbeiter vermutlich auf die Kündigung reagieren wird. Die beste mentale Vorbereitung auf das bevorstehende Kündigungsgespräch ist allerdings die Frage „Wie würde ich meine eigene Kündigung erleben wollen, falls sie unumgänglich sein sollte?".

Kündigungen ohne vorherige Abmahnung

Grundsätzlich gilt: keine Kündigung ohne Abmahnung. Wenn Sie sich an die Hinweise aus Kapitel 11 halten, stehen Sie in jedem Fall auf der sicheren Seite. Dennoch gibt es auch Situationen, die das Vertrauensverhältnis so nachhaltig zerstören, dass eine weitere Zusammenarbeit mit dem Mitarbeiter unmöglich geworden ist. Es hängt vom Einzelfall ab, ob die im Folgenden aufgeführten Kündigungsgründe vor dem Arbeitsgericht Bestand haben. Deswegen sollten Sie jeden Fall durch einen Juristen prüfen lassen.

Kündigungsgründe bedingt durch gestörtes Vertrauen

- Diebstahl, Betrug, Unterschlagung
- Verstoß gegen Wettbewerbsverbote
- Annahme von Schmiergeldern
- Beleidigung von Arbeitgeber oder Kollegen
- Verrat von Betriebsgeheimnissen
- Begehen von strafbaren Handlungen, sofern sie Auswirkungen auf den Betrieb haben
- Schwerwiegendes Verletzen der Sorgfaltspflicht
- Fälschen eines Krankheitsnachweises oder ärztlichen Attests

12.3.2 Ablauf eines Kündigungsgesprächs

Gesprächsziel

Im Kündigungsgespräch geht es darum, die Kündigung formal auszusprechen. Dies sollten Sie so wertschätzend wie möglich tun:

• Der Mitarbeiter soll detailliert auf sein Fehlverhalten hingewiesen werden.

• Dem Mitarbeiter muss klar werden, dass das Arbeitsverhältnis beendet wird.

Hauptteil des Gesprächs

Einfühlsam, aber bestimmt

In dem Kündigungsgespräch sollten Sie dem Mitarbeiter einfühlsam, aber bestimmt begegnen. Versuchen Sie aber nicht, einen Konsens, also die Einsicht des Mitarbeiters in die Kündigung, anzustreben.

Kommen Sie direkt zum Punkt

Eröffnen Sie dem Mitarbeiter ohne Umschweife, dass Sie eine Kündigung aussprechen müssen, und begründen Sie Ihre Entscheidung. Wie detailliert Sie Ihre Begründung ausfällt, hängt vom Einzelfall ab: War dem betroffenen Mitarbeiter schon bewusst, dass eine Kündigung bevorsteht? Gab es Abmahnungen im Vorfeld?

> **Tipp:**
>
> Wie bei der Abmahnung gilt auch hier: Wenn Sie sich zu diesem Schritt entschieden haben, sollten Sie sich nicht „erweichen" lassen und die Kündigung zurückziehen. Auch wenn der Mitarbeiter eine Besserung verspricht, ist es nun notwendig, die Kündigung auszusprechen.

Gesprächsabschluss

Bevor Sie das Gespräch beenden, sollten Sie nochmals überprüfen, ob Sie eindeutig verstanden worden sind. Falls Ihr Unternehmen Maßnahmen zur Unterstützung des Mitarbeiters zur Verfügung stellen kann (Outplacement, Bewerbungsunterstützung), sollten Sie diese dem Mitarbeiter anbieten.

13 Arbeitszeugnisse erstellen

In diesem Kapitel erfahren Sie,

* nach welchen Grundsätzen ein Arbeitszeugnis erstellt wird,
* wie Sie ein Arbeitszeugnis aufbauen und
* welche Inhalte in ein Arbeitszeugnis gehören.

Am Ende des Kapitels finden Sie drei englische Musterzeugnisse und eine Liste mit Textbausteinen für englische Arbeitszeugnisse.

13.1 Überblick zum Vorgehen

Die folgende Übersicht zeigt Ihnen, nach welchen Grundsätzen Arbeitszeugnisse verfasst werden und welche Inhalte in ein qualifiziertes Arbeitszeugnis gehören. Weiterführende Informationen und Tipps für die Formulierung von Arbeitszeugnissen finden Sie nach dem englischen Teil in Kapitel 13.3.

Grundsätze der Zeugniserstellung (siehe auch Kapitel 13.3.2)	
1. Das Zeugnis muss wahr sein und der Realität entsprechen.	
2. Das Zeugnis muss positiv und wohlwollend formuliert sein.	
Inhalte des Arbeitszeugnisses (siehe auch Kapitel 13.3.3)	
1. Überschrift	
(Arbeits-)Zeugnis, Zwischenzeugnis, Ausbildungszeugnis, Praktikanten- bzw. Praktikumszeugnis	
2. Eingangsformel	
Personalien (Name des Arbeitnehmers, Geburtsdatum und –ort)	
Dauer des Arbeitsverhältnisses	
Stationen des beruflichen Werdegangs im Unternehmen	
Tätigkeitsbezeichnungen	

Siehe CD-ROM

3. Tätigkeitsbeschreibung	
Wahrgenommene Aufgaben	
Hierarchische Position	
Kompetenzen, Verantwortung	
4. Leistungsbeurteilung	
Arbeitsbereitschaft (Motivation)	
Arbeitsbefähigung	
Arbeitsweise	
Wissen und Fachkenntnisse	
Weiterbildung	
Arbeitserfolg	
Führungsleistung (bei Vorgesetzten),	
Zusammenfassendes Leistungsurteil	
5. Verhaltensbeurteilung	
Verhalten gegenüber Vorgesetzten, Mitarbeitern und Dritten (z. B. Kunden, Lieferanten, Geschäftspartner)	
6. Schlussabsatz	
Grund bzw. Anlass für die Zeugniserstellung	
Dankes- und Bedauernsformel	
Zukunftswünsche	
Ausstellungsort und -datum	
Unterschrift des Zeugnisausstellers mit Angabe zur Position	

13

13.2 Vocabulary, useful phrases and dialogues

In Kapitel 13.2 finden Sie Arbeitshilfen, die Sie bei der Erstellung von Arbeitszeugnissen in englischer Sprache unterstützen:

- eine Liste mit englischen Vokabeln für die Formulierung von Arbeitszeugnissen
- zwei Beispieldialoge in englischer Sprache
- drei englische Musterzeugnisse
- Textbausteine für englische Arbeitszeugnisse

Auf der CD-ROM finden Sie weitere englische Textbausteine, Musterzeugnisse, Tätigkeitsbeschreibungen und ein Formular zur Zeugniserstellung, mit dem Sie schnell ein Arbeitszeugnis erstellen können.

Siehe CD-ROM

Die wichtigsten Vokabeln zu Kapitel 13

Befähigungsnachweis	certificate of qualification
Beurteilung	appraisal
ein ausgezeichnetes Verhältnis zu jdm. haben	to have a great rapport with someone
einflussreiche und ungewöhnlich erfolgreiche Person	rainmaker, high-powered person
empfehlen	to recommend
Empfehlungsschreiben, Zeugnis	letter of recommendation, testimonial
fähig, bewandert, geschickt, gelehrt	able, accomplished, apt, adept, adroit capable, competent, deft, skilled
gewissenhaft	assiduous, conscientious, diligent
herausragen, sich hervortun	to excel in s/t
integer sein, aufrichtig sein	to be upright, to have integrity
jdm. etwas zuschreiben	to credit with
Referenzgeber	reference (person)
seinen Erwartungen entsprechen	to come up, live up, meet, fulfill someone's expectations
sich verbürgen	to vouch
soziale Kompetenz/Geschick	people/soft skills

Siehe CD-ROM

13

Stellenbewerbung	job application
tadelloser Ruf	immaculate, impeccable, spotless, unblemished, unmarred, unspoiled untarnished reputation
un/verbindlich	un/committed, (not) devoted
un/zuverlässig	un/reliable
verzieren	to embellish
vielversprechender Kandidat, Potenzialträger, aufstrebend	promising, up-and-coming, high-flyer
vorbildlich	exemplary, distinguished
zu meiner vollen Zufriedenheit	to my complete satisfaction

Siehe CD-ROM

useful phrases – Redewendungen zu Kapitel 13	
at someone's beck and call/disposal	auf Abruf zur Verfügung stehen nach jds Pfeife tanzen
to ask for the moon, to wish for the impossible	unmögliches Verlangen, mit dem Kopf durch die Wand wollen
to be out of this world, the cat's whiskers/pajamas	hervorragend, ausgezeichnet sein
to bend the rules/law	das Gesetz beugen
to do the trick, to be good enough	ausreichend sein
to drive your message/point home	seine Auffassung überzeugend darlegen
to get something signed and sealed	etwas unter Dach und Fach bringen
to have second thoughts	etwas überdenken
to pass muster	den Anforderungen genügen
to put in a good word for someone	ein gutes Wort für jdn. einlegen
to put something on the line, run the risk of	etwas aufs Spiel setzen
to see eye to eye	einer Meinung sein
to step out of line	seine Kompetenz überschreiten
to talk through your hat	Schwachsinn reden

Die folgenden zwei Dialoge vermitteln Ihnen einen lebendigen Eindruck, wie ein Mitarbeitergespräch zum Thema „Zeugniserstellung" in englischer Sprache ablaufen könnte. Der erste Dialog gibt ein Negativ-Beispiel, was in dem Gespräch typischerweise schief gehen könnte. Der zweite Dialog zeigt einen gelungenen Gesprächsverlauf. Vielleicht sind Ihnen bestimmte Ausdrücke oder Redewendungen aus dem Dialogbeispiel unbekannt. Dann helfen Ihnen die Vokabelliste und die Sammlung von Redewendungen.

Beispieldialog: Wenn es schief läuft ...

Elvira Sokol (exiting sales manager): Mr. Pounds, I was wondering if you could spare me a few moments of your time.

Norbert Pounds (CEO of General Tectronics): Sure, girl, what seems to be the problem?

Elvira: Remember I asked you to write me a letter of recommendation? Well, I went over it yesterday, and ... I find it does me injustice – it's way too factual and tepid.

Norbert: Explain yourself.

Elvira: You completely left out the part describing how I've turned the ailing sales department around in less than six months.

Norbert: We obviously don't see eye to eye about this issue. I favorably mentioned all of the major operations you had taken part in.

Elvira: Let me put it this way: Your letter won't pass muster of any recruiter because it expresses your dissatisfaction with my performance.

Norbert: You're talking through your head. This letter should do the trick and help you land your dream job.

Elvira: Look, I really don't think I'm asking too much. All I want is a letter which is a bit more pepped up. I'm not asking for the moon, you know ...

Norbert: I was just following a fixed format we use here, in the office. With the backlog of work I have, I simply don't have the time to produce a masterpiece at every employee's beck and call. Have I made myself clear?

Elvira: So, after all, I've just been another employee to you, ah? Here, take it back, it's not worth the paper it's written on!

Norbert: Watch out, lady, you're stepping out of line! Please show yourself out.

Elvira: Goodbye to you and to this dead-end job!

Norbert: Farewell and have a blast at your new workplace.

Beispieldialog: So machen Sie es richtig ...

Elvira Sokol (exiting sales manager): Is it too late to make changes to the letter of recommendation?

Norbert Pounds (CEO of General Tectronics): Why would you want to do that?

Elvira: Well, in the States, a letter of recommendation should have in it more in the way of marketing and promoting a prospective candidate.

Norbert: Elvira, you are well aware that a company of our caliber can't simply put its reputation on the line, bend the rules and embellish a worker's track record.

Elvira: Stop, stop. This is definitely not what I'm asking for. You needn't fabricate anything. All I am asking is whether you could spice the letter up by a notch or two.

Norbert: I don't follow you.

Elvira: For example, instead of stating "Mrs. Elvira Sokol has lived up to all our expectations", "... exceeded all our expectations" drives the message so much better home.

Norbert: I must confess I'm not familiar with writing such a letter. I'm a self-made man, not a man of letters. Listen, why don't you modify what I wrote the way you see fit and then send it over to my secretary so that I can put my John Hancock on it?

Elvira: Sure! Sounds out of this world!

Norbert: I'll have it signed, sealed, and delivered to your home address pronto.

Elvira: Now I'm truly having second thoughts about leaving this wonderful company. Sorry for getting soppy all over you ...

Norbert: Thanks. This was a wonderful valediction speech!

Textbausteine für englische Arbeitszeugnisse

Die Textbausteine helfen Ihnen, schnell und einfach ein Arbeitszeugnis in englischer Sprache zu erstellen. Wählen Sie die passenden
Textbausteine aus und ergänzen Sie jeweils die Leerstellen mit den
personenbezogenen Daten. Die Bewertung der einzelnen Bausteine
entsprechen den Notenstufen 1 und 2. Diese Textbausteine finden
Sie auch auf der CD.

Siehe CD-ROM

Zeugnisbestandteil	Textbaustein Note 1	Textbaustein Note 2
Einleitung (ohne Notenstufe)	Mr. , born in .. on 12th October 2006, was employed by our company from 13th November 2002 until 24th November 2006.	Mr. , born on in , joined our company on and was in our employment as a until .
Fachwissen	Mr. possesses an exceptionally profound expertise, which he used effectively and successfully in his work. He was able to impart this expertise to his employees without reservation.	Mr. possesses extensive expertise which he used effectively and successfully in his work. He was able to impart this expertise to his employees.
Besondere Fähigkeiten	We are pleased to confirm his extraordinary economic competence. His outstanding entrepreneurial and strategic thinking and actions earned him the utmost respect amongst management and his employees.	We are pleased to confirm his high level of economic competence. His well developed entrepreneurial and strategic thinking and actions earned him the greatest respect amongst management and her employees.
Weiterbildung	By regularly participating in educational and training events, he continuously broadened and updated his comprehensive expertise, thereby greatly increasing his value and usefulness to the company.	By participating in educational events, he very profitably expanded and updated his good expertise to the benefit of the company.
Auffassungsgabe	Due to his precise analytical abilities and quick comprehension he found outstanding solutions which he consistently and successfully put into practice.	Due to his exact analytical abilities and quick comprehension he found good solutions which he consistently and successfully put into practice.

13

Zeugnisbestandteil	Textbaustein Note 1	Textbaustein Note 2
Denk- und Urteilsvermögen	We would like to emphasise his highly developed ability to always work conceptionally and constructively, as well as his consistently precise judgement.	We would like to emphasise his well developed ability to work conceptionally and constructively, as well as his precise judgement.
Leistungsbereitschaft	Mr. is an exceptionally dedicated manager, who always successfully accomplished his assignments with complete commitment.	Mr. is a dedicated manager, who always successfully accomplished his assignments with complete commitment.
Belastbarkeit	Even in stressful situations, he achieved excellent performance levels, both qualitatively and quantitatively, and could cope under the heaviest of workloads.	Even under great pressure he kept his grasp on the situation, acted thoughtfully and accomplished all tasks well.
Arbeitsweise	Mr. always worked extremely prudently, conscientiously and precisely.	Mr. always worked very prudently, conscientiously and precisely.
Zuverlässigkeit	His working methods were always marked by trustworthiness and absolute dependability.	His working methods were marked by trustworthiness and dependability.
Arbeitsergebnis	Even for the most difficult challenges he found and implemented very effective solutions and always achieved excellent results.	Even for difficult challenges he found and implemented very effective solutions and always achieved good results.
Besondere Arbeitserfolge	Among other achievements, Mr. very successfully managed many important projects during his employment. His exceptionally systematic approach and very cooperative leadership enabled him to consistently complete his projects with the utmost dependability, on schedule and within budget.	Among other achievements, Mr. successfully managed many important projects during his employment. His exceptionally systematic approach and very cooperative leadership enabled him to consistently complete his projects with great dependability, on schedule and within budget.

Zeugnisbestandteil	Textbaustein Note 1	Textbaustein Note 2
Führungsfähigkeit	Mr. gained the confidence of his employees and motivated them through cooperative leadership. He was always fully accepted as a superior, and his team not only met but often exceeded our high expectations.	He enjoyed the recognition and appreciation of his employees, as he assigned them tasks in keeping with their abilities and achieved good results with his team.
Soft Skills	As a manager, Mr. continually demonstrated his excellent integration abilities. He always excelled at including the members of his team in the decision making process according to their personalities and competence, thereby creating an outstanding working atmosphere in his team.	As a manager, Mr. continually demonstrated his good integration abilities. He always succeeded at including all members of his team in the decision making process according to their personalities and competence, thereby creating a very good working atmosphere in his team.
Zusam. Leistungsbeurteilung	Mr. always completed tasks assigned to him to our utmost satisfaction.	Mr. always completed tasks assigned to him to our complete satisfaction.
Persönliche Führung	Mr. got on very well with all associates and always met them in his friendly, open and accommodating way. His behaviour towards superiors, colleagues and external associates was always exemplary.	Mr. got on well with all associates and always met them in his friendly, open and accommodating way. His behaviour towards superiors, colleagues and customers was always flawless.
Beendigungsgrund	Unfortunately, Mr. is leaving our company today by his own choice in order to accept a new challenge.	Mr. is leaving our company today by his own choice.
Schlussformulierung (ohne Notenstufe)	We thank Mr. for the many years of constantly very good cooperation and very much regret his leaving our company. We wish this exemplary colleague all the best, lots of luck and success in both his professional and personal life.	We truly regret his decision, thank him for his valuable service, and wish him all the best and continued success for his professional as well as personal future.

13

Musterzeugnisse in englischer Sprache

Siehe CD-ROM

Auf den folgenden Seiten finden Sie drei Musterzeugnisse in englischer Sprache. Sie enthalten die in Deutschland vorgeschriebenen Zeugnisbestandteile, wie sie in Kapitel 13.3 beschrieben werden, aber auch Elemente eines Empfehlungsschreibens, wie es in England und den USA üblich ist.

Zeugnis 1: Purchase Manager Raw Material

Note: sehr gut

R e f e r e n c e

M r   J e n s   D a h l b u s c h

To Whom It May Concern:

I am pleased to give my judgement on Mr Jens Dahlbusch, who was employed with XXX Brasil in various positions, since 1 December 1998 as Purchase Manager Raw Materials and Sales Manager Mercosur.

Jens began his career with XXX on 1 January 1995 as Trainee for our oil milling and fruit juice production business. In this position he executed several operations in our plants in Sao Paulo, Caracas, Nassau, Charlotte, and Atlanta.

After the successful completion of his traineeship, Jens was employed at our Porto Alegre branch as Raw Materials Dealer. Soon Jens proved his convincing capabilities to overlook the diversified market and quickly react to price fluctuations, thus saving us important profits.

As a consequence Jens was given further responsibilities and was promoted to Purchase Manager Raw Materials and Sales Manager Mercosur operating from Porto Alegre.

In this twin function Jens was responsible for the purchase of several raw materials, in particular soya, rape, and sunflower oils as well as for the sale of the raw materials to our customers in the whole Mercosur and partly also Mexico, mainly important players in the food industry.

Jens fulfilled all strategic and operational tasks such as planning and forecast, customer and supplier relationship management, contract management and negotiations, market research, and quality management.

In all his positions Jens convinced us with his profound expertise and his finely honed management skills. Especially when it came to pricing Jens proved an excellent negotiator with a good feeling for future trends. He was thus able to fix prices that were to our favour but did not alienate our business partners.

Jens is a very astute, diligent, resourceful, and reliable individual who would readily help every colleague or team mate, so that the company's performance would be improved. Due to his good analytical and organisational abilities plus his resilience Jens developed effective solutions to any problem and delivered very good results even in very challenging situations. Indeed we could always rely on Jens as he was also a very open, sociable, and dedicated member of our management team. Fluent in Portuguese and Spanish, he was a widely accepted negotiator in the whole Mercosur. Thanks to his very good English skills he was regularly involved in transcontinental project work and communicated effectively with every customer or supplier outside Mercosur, too.

In conclusion, Jens always met our highest expectations and delivered an exceptional performance. Being widely appreciated both inside and outside XXX, Jens's behaviour was always to our utmost satisfaction.

I regret to lose Jens, who leaves us on his own account as he has been offered an attractive alternative in Europe.

I thank him for his loyal and superior achievements and whish him all the best in his future endeavours. Should you have any questions concerning Jens, I will be happy to underline my high recommendation personally.

Place, Date   Joaquin Aquino

                               Country Manager

Zeugnis 2: General Manager and Expansion Executive

> **R e f e r e n c e**
>
> Mr. Fabian Wegmeier
>
> To Whom It May Concern:
>
> We are pleased to comment on Mr. Fabian Wegmeier who was employed with XXX from 6 June 2000 until 31 September 2003 as General Manager and Expansion Executive.
>
> In his position Fabian reported directly to me and was mainly responsible for all M&A activities connected to our Asian expansion plans that we had just rolled out when Fabian joined us. Thus Fabian played a major role in the initial steps of our expansion phase.
>
> In particular, Fabian executed the whole M&A process comprising the pre-deal evaluation, deal preparation, planning, and executions by taking the following measures, here presented in chronological order:
>
> - Investigated the market in various Asian countries, in particular Thailand and Greater China and defined the targets for a potential takeover.
> - Created a feasible and future-orientated strategy.
> - Collected information of the relevant companies and prepared a SWOT-analysis.
> - Investigated in detail companies in the respective countries under the consideration of the local legislation.
> - Headed the respective due diligence team to coordinate the internal and external resources working on commercial, financial, legal, tax, HR, and environmental matters.
> - Cooperated seamlessly with lawyers and auditors, mainly of the Asian branches of global consulting and law firms.
> - Planned a takeover's budget comprising negotiation of the purchase price, ROI, negotiation of the contracts for the transaction including payment structure.
>
> Fabian impressed us right from the start with his profound professional knowledge, his remarkable business acumen, and his highly effective hands-on approach. It took him an exceptionally short time to overlook the whole market and identify attractive takeover targets.

Due to his finely honed strategic and operational abilities plus his longstanding experience in doing business in Asia Jens developed efficient plans to execute a takeover, showing outstanding analytical and problem solving skills.

Furthermore I would like to emphasize Fabians leadership and people management, especially during the due diligence process, which was of great help to generate correct figures that in turn were vital to the further strategy design. Indeed, there was a significant overlap between the presented figures on behalf of the company and the company's real value so that we could perfectly rely on Fabian's reports and advice.

Fabian combines a sales and customer orientated mentality with very good communication skills and an exemplary entrepreneurial spirit. In combination with his convincing negotiation style and his pleasant and co-operative personality, Fabian established a close relationship of mutual trust with the management of the potential target company and its customers. During the due diligence process he executed the commercial part to evaluate the future potential of the target, the overall revenue volume reaching up to 50.000 EUR.

I am therefore happy to state that Fabian definitely proved to be a visionary, energetic, and absolutely reliable leader who always lived up to our high expectations. But we also very much appreciated his honest and serious manner, as well as his good sense of humor within our management team.

Unfortunately, Fabian has been offered another career chance. As a result, he is leaving us on his own account, which we regret. However we would like to underline that Fabian helped us find a suitable successor and he even introduced him to his job.

We thank Fabian for his excellent performance and wish him all the best and success in his future endeavours. As we rate him highly, I give him our highest recommendation to every employer seeking a dedicated, trustworthy, and above all capable general, sales, or expansion manager.

Please do not hesitate to contact me personally at ... should you have any further questions about Fabian himself or his results.

Place, Date   Jack Woo

                               CEO Asia Pacific

13

Zeugnis 3: Support Technical Problems

Note: sehr gut

> **R e f e r e n c e**
>
> **Ms Maria Chang**
>
> To Whom It May Concern:
>
> It is my pleasure to confirm that Ms Maria Chang has been employed by XXX Asia-Pacific since 1st February 1998.
>
> Maria's main duties today consist of supporting our distributors and customers with technical problems on our measurement tools, on-site technical visits, and training of distributors' staff throughout the region, as well as organizing and running the our Asia-Pacific Customer Support Centre. This task includes the hiring and management of engineers.
>
> As a major project responsibility, Maria developed and implemented the design and implementation of a regional on-line customer support help desk system that has been working faultlessly, thus enabling us to streamline our customer support. This helped us considerably increase our customer's trust into our products and our team.
>
> Throughout his time with XXX Asia-Pacific, Maria has always been an excellent employee, injecting a great amount of energy, initiative, and responsibility in all aspects of her job. Her analytical abilities and her hands-on approaches are vital to our smooth daily business. Due to her finely honed communication skills and his friendly manner, Maria is well liked by her superiors and colleagues alike, and we appreciate her as someone you can rely on in any situation. Her professional knowledge is far above average and her thoroughness of application is remarkable.
>
> Maria's special qualification is certainly her German-Chinese origin, which is why she is fluent in Cantonese and familiar with Chinese business culture. She is thus able to understand our customer's needs and way of thinking profoundly and develops excellent solutions, so that she gains her contacts' trust easily. Maria's results and her personal behaviour have always been to our utmost satisfaction.
>
> We provide this reference, as our organization is about to undergo major restructuring. I do not hesitate to recommend Maria for any position where an outstanding, Asia focused customer service manager and a skilful team player is required. We thank Maria for her loyal and very good performance and hope that she will stay with us in the future.
>
> Please feel free to get in touch with me personally, should you have any further questions.
>
> Place, Date   David Kidd (Managing Director)

13

13.3 Konkrete Anleitung zum Vorgehen

Ein Arbeitszeugnis stellt für einen Arbeitnehmer eine wichtige be- Zeugnissprache
rufliche Referenz dar. Die Formulierung eines Arbeitszeugnisses
unterliegt bestimmten Grundsätzen, die dazu geführt haben, dass
sich eine eigene Zeugnissprache etabliert hat. Mit etwas Hinter-
grundwissen lassen sich die richtigen Formulierungen finden, um
Qualifikation, Arbeitsverhalten und Leistung des Arbeitgebers treff-
sicher zum Ausdruck zu bringen.

13.3.1 Anlässe zur Erstellung von Arbeitszeugnissen

Ein Arbeitszeugnis wird auf Wunsch des Arbeitnehmers ausgestellt, Einfaches
üblicherweise zum Zeitpunkt der Beendigung eines Arbeitsverhält- versus qualifi-
nisses. Der Arbeitnehmer kann dabei zwischen einem einfachen und ziertes Zeugnis
einem qualifizierten Zeugnis wählen. Während ein einfaches Zeugnis eher den Charakter einer Bescheinigung hat und nur Angaben zu
Dauer und Art der Beschäftigung enthält, werden in einem qualifizierten Zeugnis darüber hinaus auch Aussagen zu Leistung, Sozial-
verhalten und Qualifikationen des Arbeitnehmers getroffen.

Der Zeugnisanspruch des Arbeitnehmers wurde im Gesetz zur Mo-
dernisierung des Schuldrechts, das zum 01.01.2002 in Kraft getreten
ist, auf drei Jahre befristet. Bei Tarifverträgen sind gegebenenfalls
Sonderregelungen zu beachten, hier sind die Ausschlussfristen oft
deutlich kürzer.

Wenn das Arbeitsverhältnis nicht beendet ist, kann der Mitarbeiter Triftige Gründe
bei Vorliegen eines triftigen Grundes die Ausstellung eines Zwischenzeugnisses verlangen. Als triftige Gründe können beispielsweise gelten:

- Bewerbung um eine neue Stelle
- Wechsel des Vorgesetzten
- Betriebliche Veränderungen (z. B. Übernahme, Fusion, Konkurs)
- Persönliche Veränderungen des Arbeitnehmers (z. B. Verset-
  zung, Beförderung, Fort- und Weiterbildung)
- Freistellung als Betriebsrat
- Erziehungsurlaub
- Vorlage bei Behörden und Gerichten
- Stellung eines Kreditantrags

13

13.3.2 Grundsätze der Zeugniserstellung

Bei der Formulierung eines Arbeitszeugnisses sind zwei Rechtsgrundsätze zu beachten: Die Wahrheitspflicht und das Wohlwollen nach dem Maßstab eines verständigen Arbeitgebers.

Wahrheitspflicht

Der Realität entsprechend

Ein Arbeitszeugnis muss wahr sein und alle wesentlichen Tatsachen enthalten, die für eine Gesamtbeurteilung von Bedeutung sind und an denen ein künftiger Arbeitgeber ein berechtigtes Interesse haben könnte. Dabei ist der Arbeitgeber allerdings nicht zur schonungslosen Offenbarung aller ungünstigen Vorkommnisse verpflichtet. Negative Beurteilungen sind nur dann zulässig, wenn sie für die gesamte Dauer der Beschäftigung charakteristisch waren.

Wohlwollen

Wohlwollend positive Formulierungen

Das Zeugnis darf nach einem Urteil des Bundesgerichtshofs aus dem Jahr 1963 das berufliche Fortkommen nicht ungerechtfertigt erschweren. Es muss daher wohlwollend positiv formuliert sein und sollte keine direkte Kritik am Arbeitnehmer beinhalten. Dabei ist allerdings zu beachten, dass der Wahrheitsgrundsatz eingehalten wird. Übertrieben positive Angaben, die ein falsches Bild vom tatsächlichen Leistungsniveau des Arbeitnehmers entstehen lassen, können Schadensersatzansprüche eines neuen Arbeitgebers gegenüber dem Zeugnisersteller rechtfertigen.

13.3.3 Inhalte eines Arbeitszeugnisses

Ein qualifiziertes Arbeitszeugnis ist üblicherweise folgendermaßen aufgebaut:

* **Überschrift:** (Arbeits-)Zeugnis, Zwischenzeugnis, Ausbildungszeugnis, Praktikanten- bzw. Praktikumszeugnis
* **Eingangsformel:** Personalien (Name des Arbeitnehmers, Geburtsdatum und -ort), Dauer des Arbeitsverhältnisses, Stationen des beruflichen Werdegangs im Unternehmen, Tätigkeitsbezeichnungen
* **Tätigkeitsbeschreibung**: Wahrgenommene Aufgaben, hierarchische Position, Kompetenzen, Verantwortung

- **Leistungsbeurteilung:** Arbeitsbereitschaft (Motivation), Arbeitsbefähigung, Arbeitsweise, Wissen und Fachkenntnisse, Weiterbildung, Arbeitserfolg, Führungsleistung (bei Vorgesetzten), zusammenfassendes Leistungsbeurteilung
- **Verhaltensbeurteilung:** Verhalten gegenüber Vorgesetzten, Mitarbeitern und Dritten (z. B. Kunden, Lieferanten, Geschäftspartnern)
- **Schlussabsatz:** Grund für die Zeugniserstellung (Verlassen des Unternehmens bzw. Anlass für das Ausstellen eines Zwischenzeugnisses), Dankes- und Bedauernsformel, Zukunftswünsche, Ausstellungsort und -datum, Unterschrift des Zeugnisausstellers mit Angabe zur Position

Die einzelnen Punkte sollen bei der Zeugnisformulierung in dem Umfang berücksichtigt werden, wie sie auf die ausgeübte Tätigkeit des Arbeitnehmers zutreffen.

> **Achtung:**
> Beachten Sie, dass aus Gründen der besseren Lesbarkeit und eines ansprechenden Sprachstils auch in einem sehr guten Zeugnis nicht alle Aussagen im Superlativ formuliert werden. Ausschlaggebend ist am Ende der Gesamteindruck.

Tipps zur Formulierung von Arbeitszeugnissen

Die Tatsache, dass ein Zeugnis wohlwollend formuliert sein soll, also auch Schwächen des Zeugnisempfängers konstruktiv-höflich ausgedrückt werden müssen, hat zur Herausbildung bestimmter Verschlüsselungstechniken geführt. Insbesondere im Hinblick auf die zusammenfassende Leistungsbeurteilung hat sich ein Formulierungscode eingebürgert, der inzwischen allgemein akzeptiert ist. Sie sollten sich bei der Zeugniserstellung der Bedeutung dieser Techniken bewusst sein, da auch ein vom Verfasser prinzipiell gut gemeintes Zeugnis von kundigen Lesern anders interpretiert werden kann. Die wichtigsten Verschlüsselungstechniken, mit denen sich auch weniger positive Aspekte zum Ausdruck zu bringen lassen, sind:

Verschlüsselungstechniken

13

- **Auslassungen:** Werden wichtige Inhalte oder erwartete Aussagen weggelassen, deutet dies auf bestimmte Defizite hin (wenn z. B. nur das Verhalten gegenüber Kollegen, nicht aber gegenüber Vorgesetzen erwähnt wird).

- **Verneinungen:** In der Zeugnissprache bedeutet die Verneinung eines negativen Sachverhalts nicht, dass vom positiven Gegenteil auszugehen ist (wenn z. B. „keinerlei Anlass zu Beschwerden" bestand, ist die Aussage zum Verhalten trotzdem nicht gerade positiv).

- **Passive Formulierungen:** Aussagen, nach denen der Arbeitnehmer „eingesetzt" („commissioned") wird oder Aufgaben „übertragen" („designated") bekommt, weisen auf geringe Eigeninitiative hin.

- **Betonung von Selbstverständlichkeiten:** Durch die Hervorhebung von Aussagen zu unwichtigen Inhalten wird die Bedeutung der wesentlichen Leistungen abgeschwächt (z. B. die Betonung „lobenswerter Pünktlichkeit" bei einer Führungskraft).

- **Inkonsistenzen:** Findet eine gute Beurteilung beispielsweise nicht auch im Schlussabsatz Ausdruck (in Form der Dankes- und Bedauernsformel und guten Zukunftswünschen), wird der positive Eindruck insgesamt abgeschwächt.

Unzulässige Zeugnisformulierungen

Geheimcodes

Geheimcodes sind Zeugnisformulierungen, die verdeckte Aussagen zu den Schwächen des Zeugnisempfängers beinhalten. Im Gegensatz zu den etablierten Verschlüsselungstechniken ist die Verwendung so genannter „Geheimcodes" bei der Zeugniserstellung nach § 109 Absatz 2 GewO (Gewerbeordnung) unzulässig:

„Das Zeugnis muss klar und verständlich formuliert sein. Es darf keine Merkmale oder Formulierungen enthalten, die den Zweck haben, eine andere als aus der äußeren Form oder aus dem Wortlaut ersichtliche Aussage über den Arbeitnehmer zu treffen."

Beispiel:

Die Formulierung „Er trug durch seine gesellige Art zur Verbesserung des Betriebsklimas bei" ist eine verdeckte Umschreibung für die Alkoholabhängigkeit des Zeugnisempfängers. Die Verwendung derartiger Geheimcodes ist verboten.

Zusammenfassende Leistungsbewertung

Besondere Bedeutung kommt der zusammenfassenden Leistungsbewertung zu, die in einem Satz eine Gesamtnote ausdrückt. Folgende Formulierungen können beispielhaft zum Ausdruck der Gesamtbewertung herangezogen werden:

Formulierung	Note
Sie/Er erledigte alle Aufgaben ...	
... stets zu unserer vollsten Zufriedenheit	sehr gut
... zu unserer vollsten Zufriedenheit bzw. ... stets zu unserer vollen Zufriedenheit	gut
... zu unserer vollen Zufriedenheit	befriedigend
... zu unserer Zufriedenheit	ausreichend
... insgesamt zu unserer Zufriedenheit bzw. ... im großen und ganzen zu unserer Zufriedenheit	mangelhaft

Statt der allgemein gebräuchlichen aber sprachlich umstrittenen Formulierung „stets zur unserer vollsten Zufriedenheit" können Sie alternativ auch die Formel „stets zu unserer größten/höchsten Zufriedenheit" verwenden.

Was müssen Sie in Großbritannien und den USA beachten?

In den USA und Großbritannien gibt es keinen allgemeinen gesetzlichen Anspruch auf ein Zeugnis wie im deutschen Recht. Englische Arbeitszeugnisse gleichen eher Empfehlungsschreiben. Sie haben einen sehr persönlichen Charakter und werden auf Wunsch des Mitarbeiters oft vom direkten Vorgesetzten im eigenen Namen erstellt. Es ist in England und den USA üblich, bei dem früheren Arbeitgeber weitere Informationen über den Mitarbeiter einzuholen.

13

14 Auslandsentsendung von Mitarbeitern

Im Zuge der Globalisierung und zunehmenden Internationalisierung der Märkte ergeben sich für Unternehmen heutzutage vielfach Chancen bzw. die Notwendigkeit, im Ausland tätig zu werden. Mitarbeiter werden als so genannte Expatriates immer häufiger auch über Landesgrenzen hinweg eingesetzt. Das Thema Auslandsentsendung wirft dabei zwangsläufig eine Reihe von Fragen auf.
In diesem Kapitel erfahren Sie,

- welche Überlegungen im Hinblick auf die Personalplanung wichtig sind,
- welche Aspekte Sie bei der Vorbereitung einer Auslandsentsendung beachten sollten und
- wie Sie einen Mitarbeiter gezielt vor, während und nach dem Auslandseinsatz begleiten.

14.1 Überblick zum Vorgehen

In der folgenden Übersicht sind die wichtigsten Punkte zusammengefasst, die Sie für die Vorbereitung und Durchführung von Auslandseinsätzen Ihrer Mitarbeiter beachten müssen. Weiterführende Informationen und Tipps finden Sie nach dem englischen Teil in Kapitel 14.3.

Siehe CD-ROM

Personalplanung (siehe auch Kapitel 14.3.1)	
Suche des für den Auslandseinsatz geeigneten Mitarbeiters	
Erstellung eines Qualifikationsprofils	
Organisation der Ressourcenplanung für den inländischen Standort	
ggf. Vertretung für den entsandten Mitarbeiter am heimischen Standort	
Personaleinsatzplanung nach der Rückkehr des entsandten Mitarbeiters	

Vorbereitung eines Auslandseinsatzes (siehe auch Kapitel 14.3.2)	
Prüfen der **formalen Aspekte** des geplanten Auslandseinsatzes (Liegt z.B. ein kurz- oder längerfristiger Einsatz oder eine Entsendung vor?)	
Prüfen der **steuerrechtlichen Aspekte** des Auslandseinsatzes (Steuerpflicht im In- oder Ausland? Konsequenzen für die Einkommensteuer?)	
Prüfen der **sozialversicherungsrechtlichen Aspekte** des Auslandseinsatzes (Sozialversicherungspflicht im In- oder Ausland? Die zuständige KV entscheidet über die Versicherungspflicht)	
Prüfen der **arbeitsrechtlichen Aspekte** des Auslandseinsatzes (Welches Recht ist auf den Arbeitsvertrag anzuwenden? Zusatzvereinbarungen im Arbeitsvertrag erforderlich?)	
Begleitung des Mitarbeiters (siehe auch Kapitel 14.3.3)	
Vor der Entsendung:	
Ansprechpartner für den Mitarbeiter im Ausland ermitteln	
Entwicklungsbedarf des zu entsendenden Mitarbeiters feststellen	
Interkulturelles Training und Sprachkurse durchführen	
Begleitung im Ausland:	
Ansprechpartner für Mitarbeiter im Ausland zur Seite stellen	
Anbindung des Mitarbeiters an soziale Netzwerke im Ausland unterstützen	
Anbindung des Mitarbeiters an den Heimatstandort unterstützen	
Wiedereingliederung am inländischen Standort:	
„Rückwertigen Kulturschock" abmildern	
Personaleinsatzplanung für den Rückkehrer	

14

14.2 Vocabulary, useful phrases and dialogues

In Kapitel 14.2 finden Sie Arbeitshilfen in englischer Sprache für die sprachliche Vorbereitung Ihrer Personalarbeit:

- eine Liste mit Vokabeln, die im Zusammenhang mit Auslandseinsätzen hilfreich sind
- eine Auswahl von typischen englischen Redewendungen („useful phrases")
- zwei Beispieldialoge in englischer Sprache

Siehe CD-ROM

Die wichtigsten Vokabeln zu Kapitel 14	
alter Hase	doyen, trouper, old hand
ansässig	based/located in, resident of
aufgeschobene Gehaltszahlungen	deferred income
aufrücken	to be promoted, rise in rank
Ausdauer, Durchhaltevermögen	perseverance
Ausgeglichenheit	balance
Ausgleichszahlung, Auslands-zulage, Teuerungszulage	adjustment payment, living abroad allowance
ausländischer Arbeitnehmer mit (un-)befristetem Aufenthaltstitel	permanent/temporary foreign worker
Auslandseinsatz	assignment abroad, foreign mission
Auslösung, Tagegeld, Tagesspesen	per diem
Die Aufenthaltsgenehmigung ist abgelaufen	The residence permit (or: green card) has expired
Dienstleister	service provider
Dienstreise	business trip
eine Freistellung beantragen	to apply for an exemption
einseitiges/zweiseitiges/vielseitiges Abkommen	unilateral/bilateral/multilateral agreement
Entsendung, Versetzung	posting, transfer
Gegenüber	counterpart, opposite number
gesetzliche/private/soziale	statutory/private/national health

Krankenkasse	insurance
Kosten übernehmen	to absorb costs, to defray expenses
Kulturanpassung	acculturation
Lieferant	contractor, distributor, supplier, vendor
Mietvertrag	tenancy (residence) / rental (car) agreement
Multi (multinationaler Konzern)	multinational (corporation)
Nachzahlung von Steuern	payment of tax arrears
Rechtsvorschrift	legal provision
Schadensersatz wegen Vertragsbruches fordern	to claim damages for breach of contract
seinen Wohnsitz ins Ausland verlegen, sich ins Ausland niederlassen	to take up residency / hang one's hat abroad
Sitten und Gebräuche	customs and traditions
steuerliche Anrechnung im Ausland gezahlter Steuern	double-taxation relief/deduction
steuerpflichtig	liable/subject to tax(-ation)
umgekehrter Kulturschock	Reverse Culture Shock (a.k.a. Re-entry Shock)
Verantwortungsbereich	area of accountability, purview
Verlängerung einer Arbeitserlaubnis	extension of a work permit
Versicherungspflicht	compulsory insurance
Vorerfahrung	previous experience
Zulage	extra pay

14

Siehe CD-ROM

useful phrases – Redewendungen zu Kapitel 14	
hold on to your hat!	Halt dich fest!
to be at sixes and sevens, topsy-turvy	im Argen liegen, völlig durcheinander sein
to be in a rut, to be treading water	sich in gewohnten Bahnen / auf ausgefahrenen Gleisen bewegen, auf der Stelle treten
to be unable to make head nor tail of something	aus etw. nicht klug/schlau werden, sich keinen Reim auf etw. machen können
to be unable to see further than the end of someone's nose, be blinkered	nicht über den Tellerrand hinausgucken / hinausschauen (können)
to drag someone's name through the mire/mud	jemanden durch den Dreck / in den Schmutz ziehen
to feel like a square peg in a round hole / a fish out of water, be out of your element	sich fehl am Platze fühlen, sich wie ein Fisch auf dem Trockenen fühlen
to go through a bad/difficult/rough/sticky patch, be in the throes of sth.	schwierige Zeiten durchmachen
to go through the whole rigmarole, cause a to-do, kick/make up a big/great fuss	ein großes Theater aufführen, einen richtigen Zirkus machen/veranstalten
to grit your teeth, bite the bullet, grasp the nettle, swallow a bitter pill	die Zähne zusammenbeißen, die bittere Pille schlucken, in den sauren Apfel beißen
to jump/throw in at the deep end, take the bull by the horns	ins kalte Wasser geworfen werden/springen
to kick someone upstairs, put someone in a backwater	jdn. aufs Abstellgleis schieben
to leave someone in the lurch / high and dry	jdn. im Stich lassen, jdn. auf dem Trockenen sitzen lassen
to lose your marbles, be out of your mind, be wrong in the garret	den Verstand verlieren, nicht mehr alle Tassen im Schrank haben

14

to pull the wool over someone's eyes, lead someone up the garden path, pull a fast one on someone, take someone for a ride	jdm. das Fell über die Ohren ziehen, jdm. blauen Dunst vormachen, jdn. hinters Licht führen, jdn. aufs Glatteis führen
to pull yourself together, to get your act together	den inneren Schweinehund überwinden, sich am Riemen reißen
to put a damper on, spoil your mood, put a wet blanket on, be a killjoy	jdm. die Stimmung verderben, ein Spaßverderber sein
to put your best foot forward	sich von seiner besten Seite zeigen
to spit venom, give vent	sein Gift verspritzen
to sugarcoat, sweeten the pill	beschönigen
to take a load/weight off someone's mind	jdm. einen Stein vom Herzen nehmen
to walk/tread a tightrope	einen Balanceakt vollführen
You can bet your bottom dollar / life.	Sie können Gift darauf nehmen.

Die folgenden Beispieldialoge vermitteln Ihnen einen lebendigen Eindruck, wie ein Mitarbeitergespräch in englischer Sprache ablaufen könnte. Der erste Dialog gibt ein Negativ-Beispiel, was in einem Gespräch mit einem Mitarbeiter, der von seinen Auslandserfahrungen berichtet, typischerweise schief gehen könnte. Der zweite Dialog zeigt einen gelungenen Gesprächsverlauf. Vielleicht sind Ihnen bestimmte Ausdrücke oder Redewendungen aus dem Dialog unbekannt. Dann helfen Ihnen die Vokabelliste und die Sammlung von Redewendungen.

Beispieldialog: Wenn es schief läuft ...

14

Alvin Talon (head of R&D): Knut, are you alright? I've just been contacted by our general consulate in St. Petersburg.
Knut Anderson (IT specialist): Cut the preliminaries, Alvin. I can't take it anymore – get me out of here!
Alvin: Pull yourself together, will you? Can you tell me what happened?

Knut: I had a business dinner with Ms. Raissa Limonov, my opposite number from ComRaid Industries. After having a drink or two, Raissa and I decided to take a walk down the Neva promenade to my hotel. Suddenly, a thug appeared out of nowhere and with a drawn knife demanded our rubles. I was able to scare him away, but Raissa got a nasty cut on her arm.

Alvin: Stiff cheese! You should know better, Knut, hanging out in downtown St. Petersburg in the wee small hours of the morning. Where are your street smarts?!

Knut: Hold on to your hat! We then went to the nearest police station to get Raissa treated, when those drones decided to detain me because I had forgotten to get my passport renewed at the consulate.

Alvin: I'm afraid you're going to have to grit your teeth and hang on in the detention center while the police officers go through the whole rigmarole of checking your immigration documents.

Knut: Have you completely lost your marbles? I'm not going to stay here a single night! Now don't cop out and leave me in the lurch. Get me out of here, or else I'll drag your name through the mud next time I'm on the phone with Tony Bradley.

Alvin: Listen, punk, if you don't stop spitting venom, you can bet your bottom dollar that I'll get you kicked upstairs once I'm done with you.

Knut: Now come on, snap out of it. Do you really think you can pull the wool over my eyes? I knew from day one that sending me here meant weaseling out of your promise to promote me. You should be weeded out of this company!

Alvin: Knut, you obviously can't see further than the end of your nose. It was you who kept complaining about being stuck in a rut and requested a job transfer.

Beispieldialog: So machen Sie es richtig ...

Trevor Stenton (entering sales manager): What does it feel like, going back home after four years in the States?

Elvira Sokol (exiting sales manager): I won't lie to you – it feels like being forced out of a spinning merry-go-round... But I'll do it all over again if the opportunity presented itself, no doubt about it! I've learned to put my best foot forward, also when going through a rough patch.

Trevor: I know what you mean. The American subsidiary had been at sixes and sevens before you came. Thanks to you, it is now our best-performing overseas division.

Elvira: It's very kind of you to say that. My work was actually the easy part of my first year here. The company took a load off my mind by finding us a furnished apartment and an elite school for our kids. It freed my husband, Dexter, to look for tenure at the University of St. Helens.

Trevor: What did you find challenging when you were the new gal on the block?

Elvira: In the beginning, I felt like a square peg in a round hole. I couldn't make head nor tail of the American cheerleading mentality, so to speak. I had to walk a tightrope between constructive criticism and make-believe enthusiasm.

Trevor: It must have been exhausting, acting like a real trouper and having to sugarcoat every bit of bad news. People definitely don't like it here when you put a damper on things.

Elvira: Oh, I see that you are well-prepared for the months and years ahead. I guess it isn't your first stay abroad.

Trevor: In fact, it is. I had to take part in a three-day workshop on intercultural communication at our head office. It was tremendously helpful in appreciating the small differences which set cultures apart.

Elvira: I wish such a workshop had been offered to me before my transfer, but I was thrown in at the deep end. Luckily for me, HR now offers a re-acculturation course for returnees. It'll only take place once I'm back, but I guess better late than never.

14

14.3 Konkrete Anleitung zum Vorgehen

14.3.1 Personalplanung

Firmenpools

Die Entsendung von Mitarbeitern ins Ausland ist mit erheblichem administrativen Aufwand und zusätzlichen Kosten für das entsendende Unternehmen verbunden. An erster Stelle steht daher die Überlegung, ob Alternativen zu einer Entsendung, beispielsweise in Form von Kooperationen mit Geschäftspartnern im Ausland oder durch die Beteiligung an Gemeinschaftsbüros (so genannte Firmenpools) eine lohnende Alternative sein könnten. Fällt die Entscheidung zugunsten einer Auslandsentsendung aus, gilt es zunächst, einen geeigneten Mitarbeiter zu identifizieren und neben dem Auslandseinsatz auch die Ressourcenplanung für den inländischen Standort zu betrachten.

Identifikation geeigneter Mitarbeiter

Qualifikations-
profil

Aus dem Inhalt der Aufgabe bzw. der Zielsetzung eines Projekts im Ausland ergeben sich konkrete Anforderungen im Hinblick auf Fachwissen und Vorerfahrungen, die es ermöglichen, den Kreis der Kandidaten für den Auslandseinsatz einzugrenzen. Doch nicht immer ist der fachlich am besten qualifizierte auch der am besten geeignete Mitarbeiter. Eine Reihe von Eigenschaften hat sich für den Erfolg eines Auslandseinsatzes als förderlich erwiesen und sollte bei der Auswahl berücksichtigt werden:

- Flexibilität/Improvisationstalent
- Offenheit für neue Erfahrungen
- Durchhaltevermögen/Frustrationstoleranz
- Kontaktfreudigkeit/Kommunikationsstärke
- Ausgeglichenheit

Darüber hinaus sollte mit dem Mitarbeiter auch geklärt werden, inwieweit eine Auslandsentsendung mit seinen persönlichen Entwicklungs- und Karrierezielen sowie seiner aktuellen Lebensplanung in Einklang steht.

Ressourcenplanung

Aus personalplanerischer Sicht stellt sich die Frage, ob und wie die im Rahmen einer Auslandsentsendung im Heimatbetrieb entstehende Lücke fachlich und personell zu schließen ist. Soll der entsandte Mitarbeiter unmittelbar durch eine Vertretung ersetzt werden oder bietet es sich an, Aufgaben intern umzuverteilen? Falls eine Vertretung gefunden werden soll: Gibt es einen internen Kandidaten oder soll extern rekrutiert werden? In letzterem Fall muss je nach Situation auf dem relevanten Arbeitsmarkt und unter der Berücksichtigung von Kündigungsfristen eine längere Vorlaufphase eingeplant werden.

Vertretungsregelung

Tipp:

Angebote für eine zeitlich befristete Beschäftigung von Mitarbeitern bzw. Führungskräften im Rahmen einer Vertretung finden Sie beispielsweise über Zeitarbeitsfirmen bzw. Interimsmanagement-Anbieter.

Denken Sie daran, frühzeitig zu überlegen, an welcher Stelle der entsandte Mitarbeiter nach seiner Rückkehr im Unternehmen tätig sein soll und welche Regelung für einen eventuellen Stellvertreter gelten soll. Dient der Auslandseinsatz der beruflichen Weiterentwicklung und soll er zur Übernahme höherer Aufgaben qualifizieren? Oder ist geplant, den entsandten Mitarbeiter wieder auf seiner angestammten Position einzusetzen?

Beispiel:

Frau Schulz übernimmt als Führungskraft aus dem mittleren Management im Rahmen eines dreijährigen Auslandseinsatzes die Geschäftsführung einer kleinen Tochtergesellschaft. Aufgrund der Erfahrungen, die Sie in diesem Zusammenhang sammelt, ist geplant, dass Sie nach Ihrer Rückkehr in die Geschäftsführung der Muttergesellschaft aufrückt. Ihre ursprüngliche Stelle wird mit einer internen Nachwuchsführungskraft besetzt.

Herr Sommer betreut als Projektleiter für seinen Arbeitgeber die Montage technischer Anlagen im Rahmen wiederholter mehrmonatiger Auslandsentsendungen. Er übt nach seiner Rückkehr jeweils dieselbe Tätigkeit im Inland aus.

14

14.3.2 Vorbereitung eines Auslandseinsatzes

Wenn es konkret wird, sind eine Reihe formaler Aspekte insbesondere steuer-, sozialversicherungs- und arbeitsrechtlicher Art zu klären.

Formale Aspekte

Eine Auslandsentsendung liegt vor, wenn ein Mitarbeiter auf Weisung seines inländischen Arbeitgebers im Ausland eine Tätigkeit für diesen übernimmt. Der Auslandseinsatz muss dabei im Voraus zeitlich begrenzt sein.

Formen des
Auslands-
einsatzes

Grundsätzlich lassen sich in Anlehnung an die Dauer verschiedene Formen einer Auslandtätigkeit unterscheiden:

- Bei einem kurzfristigen Auslandseinsatz von bis zu drei Monaten wird von einer Dienstreise gesprochen.
- Zwischen drei und sechs Monaten spricht man von einer verlängerten Dienstreise oder Delegation.
- Ab einer Dauer von sechs Monaten handelt es sich um eine Entsendung
- Bei einem längerfristigen Auslandseinsatz mit einer Dauer von etwa drei Jahren wird regelmäßig der Begriff der Versetzung gewählt.

Einzelfall-
prüfung

Diese Einteilung orientiert sich an steuerlichen Betrachtungen, wird in der Literatur allerdings nicht einheitlich gebraucht. Je nach Art des Auslandseinsatzes können unterschiedliche steuer- und sozialversicherungsrechtliche Regelungen zum Tragen kommen. Die folgenden Ausführungen sollen der grundlegenden Orientierung dienen. Aufgrund der Komplexität der Thematik sind die konkreten Folgen eines Auslandseinsatzes jedoch für jeden Fall separat zu prüfen und mit den zuständigen Stellen (Finanzämter, Sozialversicherung) abzuklären. Am Ende dieses Kapitels finden Sie Verweise auf Institutionen, die Ihnen bei der Planung behilflich sein können.

Achtung:
Um im Ausland beruflich tätig zu werden, benötigt der entsandte Mitarbeiter eine Aufenthalts- bzw. Arbeitsgenehmigung, ein Touristenvisum ist hier nicht ausreichend. Innerhalb der EU ist die Entsendung von Mitarbeitern nach dem Prinzip der Arbeitnehmerfreizügigkeit genehmigungsfrei.

Steuerrechtliche Aspekte

Wird ein Mitarbeiter für seinen Arbeitgeber im Ausland tätig, müssen aus steuerrechtlicher Sicht zwei wesentliche Fragen geklärt werden:

- Ist der Mitarbeiter weiterhin im Inland steuerpflichtig?
- Inwieweit wird ggf. die im Ausland erhobene Steuer bei der inländischen Einkommensteuer berücksichtigt?

Entscheidend für die Steuerpflicht des Arbeitslohns ist in der Regel der Wohnsitz des Mitarbeiters. Dieser wird dort vermutet, wo der Mitarbeiter eine Wohnung unterhält, deren Benutzung ihm prinzipiell möglich ist. Bei einem im Ausland tätigen Mitarbeiter wird beispielsweise ein inländischer Wohnsitz vermutet, wenn der Mitarbeiter seine Wohnung im Inland beibehält (auch wenn er sie für die Dauer des Auslandsaufenthaltes untervermietet). Bei Eheleuten gilt, dass der Wohnsitz im Allgemeinen dort vermutet wird, wo die Familie lebt. *Steuerpflicht im Inland*

Aus steuerrechtlicher Sicht ist nun zu prüfen, ob eine Doppelbesteuerungsregelung zum Tragen kommt. Dienstreisen bis zu einer Dauer von drei Monaten sind in der Regel unproblematisch, da Zulagen steuerfrei gewährt werden können. Bei einer verlängerten Dienstreise muss geprüft werden, ob bereits Steuern im Gastland entrichtet werden müssen. Bei einer Entsendung mit einer Dauer von mehr als sechs Monaten entsteht bei inländischer Besteuerung in der Regel zusätzlich eine Steuerpflicht im Gastland. Um eine Doppelbesteuerung zu vermeiden sieht das deutsche Einkommensteuerrecht zwei Möglichkeiten vor: *Doppelbesteuerungsregelungen*

- Freistellung bei Staaten mit Doppelbesteuerungsabkommen
- Anrechnung bei Staaten ohne Doppelbesteuerungsabkommen

Beispiel:

Die Bundesrepublik Deutschland hat mit einer Vielzahl von Staaten so genannte Doppelbesteuerungsabkommen (DBA) geschlossen. Dabei wird das Besteuerungsrecht in der Regel dem Staat zugewiesen, in dem der Mitarbeiter tätig ist. Die Einkünfte werden in Deutschland von der Steuer freigestellt.

14

Besteht mit einem Staat kein DBA muss nach dem Einkommenssteuergesetz (EStG) geprüft werden, ob eine Möglichkeit zum einseitigen Steuerverzicht besteht. Hierbei können beispielsweise ausländische Steuern auf die deutsche Steuer angerechnet werden oder die auf ausländische Einkünfte entfallende Steuer wird ganz oder zum Teil erlassen.

183-Tage-Regel Im Falle eines DBA ist außerdem die 183-Tage-Regel zu berücksichtigen. Die Regel besagt, dass abweichend vom im DBA enthaltenen Grundsatz der Besteuerung im Tätigkeitsstaat die Steuer im Ansässigkeitsstaat zu entrichten ist, wenn sich der Mitarbeiter nicht länger als 183 Tage während des im DBA benannten Zeitraums im Tätigkeitsstaat aufhält. Hierbei ist jedoch genau zu beachten, welche Regelungen im jeweiligen DBA für die Anrechnung von Aufenthaltstagen getroffen werden (z.b. ob An- und Abreisetage oder Urlaub im Anschluss an die berufliche Tätigkeit zu berücksichtigen sind).

> **Achtung:**
> Auch kurzfristige Auslandseinsätze können zu einer Steuerpflicht im Gastland führen, wenn die Gehaltskosten für diesen Zeitraum von einem ausländischen Tochterunternehmen oder Betriebsteil getragen werden. Die Ermessensgrundsätze werden von den beteiligten Finanzverwaltungen weltweit jedoch häufig nicht einheitlich angewendet, weshalb eine Einzelfallprüfung unerlässlich ist.

Sozialversicherungsrechtliche Aspekte

Wie bei der Besteuerungsfrage ist im Rahmen eines Auslandseinsatzes auch beim Thema Sozialversicherung zu klären, in welchem Land ein Mitarbeiter versicherungspflichtig ist und ob eine Doppelversicherung erforderlich ist.

Territorialprinzip und Ausstrahlung Nach dem Territorialprinzip sind ins Ausland entsandte Mitarbeiter grundsätzlich in dem Land sozialversichert, in dem sie tätig sind. Eine Ausnahme sieht das deutsche Sozialversicherungsrecht mit dem Prinzip der Ausstrahlung vor. Bei Erfüllung der folgenden Kriterien strahlt prinzipiell die gesetzliche Sozialversicherung auf das Arbeitsverhältnis im Ausland aus und der Mitarbeiter kann in der deutschen Sozialversicherung verbleiben:

- Der Mitarbeiter begibt sich auf Weisung seines inländischen Arbeitgebers für eine im Voraus begrenzte Zeit ins Ausland.

- Das Gehalt wird weiterhin vom inländischen Arbeitgeber gezahlt und auch beim inländischen Arbeitgeber steuerlich geltend gemacht.

Es ist allerdings zu prüfen, ob ein Mitarbeiter zusätzlich den Rechtsvorschriften über soziale Sicherheit des Landes, in das er entsandt wird, unterliegt. Ist dies der Fall, kann es eventuell zu einer Doppelversicherung kommen. Um dies zu vermeiden, unterhält die Bundesrepublik Deutschland mit vielen Ländern Sozialversicherungsabkommen, die sich jedoch meist auf einzelne Zweige der Sozialversicherung beschränken. Innerhalb der Europäischen Union (EU) bzw. des Europäischen Wirtschaftsraums regelt eine eigene Verordnung (EWG-VO 1408/71) alle sozialversicherungsrechtlichen Fragen. Die Entscheidung über die Versicherungspflicht für die Dauer des Auslandsaufenthalts trifft die zuständige Krankenkasse.

Achtung:
Aufgrund strenger Handhabung der Ausstrahlungskriterien ist ein Verbleib in der deutschen Sozialversicherung in vielen Fällen nicht möglich. Eine falsche Regelung der Sozialversicherung während einer Auslandstätigkeit kann insbesondere bei der Renten- und Arbeitslosenversicherung problematisch sein. Wird nach der Rückkehr aus dem Ausland festgestellt, dass der ins Ausland entsandte Mitarbeiter im Inland tatsächlich nicht sozialversicherungspflichtig war, ergeben sich Lücken in den Leistungsansprüchen des Arbeitnehmers. Dies kann zu Schadensersatzforderungen an das entsendende Unternehmen führen. Versicherungslücken müssen ggf. durch freiwillige Zusatzversicherungen geschlossen werden.

Arbeitsrechtliche Aspekte

14

Im Hinblick auf die arbeitsrechtliche Gestaltung des Auslandseinsatzes ist zu klären, welches Recht auf das Arbeitsverhältnis anzuwenden ist und welche Auswirkungen auf den Arbeitsvertrag zu berücksichtigen sind.

Prinzip des Mitarbeiterschutzes

Prinzipiell gibt es keine verbindliche Regelung zur arbeitsrechtlichen Gestaltung eines Auslandseinsatzes. Es gilt, dass Arbeitnehmer und Arbeitgeber im Rahmen ihrer Vertragsfreiheit das auf das Arbeitsverhältnis anwendbare Recht vereinbaren können (Rechtswahl). Allerdings dürfen dabei keine Regelungen zum Schutz des Mitarbeiters umgangen werden, die aufgrund der Rechtslage ohne die Rechtswahl greifen würden.

Wird keine Rechtsvereinbarung zwischen dem entsendenden Unternehmen und dem im Ausland tätigen Mitarbeiter getroffen, richtet sich das anwendbare Recht in erster Linie nach dem gewöhnlichen Arbeitsort. Bei zeitlich befristeten Entsendungen handelt es sich dabei um den inländischen Standort. Eine Ausnahme ist dann gegeben, wenn das Tätigkeitsverhältnis eine engere Verbindung zum ausländischen Staat aufweist. In diesem Fall findet auch das ausländische Recht Anwendung.

Achtung:

So genannte zwingende Vorschriften gelten unabhängig vom vereinbarten bzw. mangels Rechtswahl anwendbarem Recht:

- Arbeitsschutznormen, die für den Mitarbeiter günstiger sind als das gewählte Recht (z.B. in Tarifverträgen geregelte Arbeitszeiten, Urlaubsvereinbarungen oder Kündigungsschutzbestimmungen)
- Öffentlich-rechtliche Vorschriften des Tätigkeitsstaates (z.B. Mindestlöhne und Feiertage; innerhalb der EU sind bestimmte Mindestarbeitsbedingungen für entsandte deutsche Mitarbeiter gültig)
- International zwingenden Normen des deutschen Rechts (z.B. Regelungen zum Schutz von Schwangeren und Müttern sowie Regelungen des besonderen und des betriebverfassungsrechtlichen Kündigungsschutzes)

Zusatzvereinbarung zum Arbeitsvertrag

Wenn nicht von vornherein im Arbeitsvertrag eine Entsendemöglichkeit vorgesehen ist, kann das Unternehmen einen längeren Auslandseinsatz nicht einseitig anordnen. In der Regel wird daher der bisherige Arbeitsvertrag durch eine Zusatzvereinbarung ergänzt. Bei diesem Vorgehen bleibt das Arbeitsverhältnis mit dem inländischen Unternehmen bestehen. Die aufgrund der Auslandstätigkeit entstehenden Besonderheiten werden den jeweiligen Umständen entsprechend vereinbart. Die Zusatzvereinbarung zum Arbeitsvertrag sollte folgende Punkte schriftlich regeln:

- Arbeitsort
- Kündigungsfristen
- Gehalt, ggf. zusätzliche monetäre Bezüge und Sachleistungen
- Währung, in der das Arbeitsentgelt ausgezahlt wird (im Fall von großen Kursschwankungen im Vergleich zur Heimatwährung können ggf. Ausgleichszahlungen vereinbart werden)
- Dauer der Auslandstätigkeit
- Beschreibung der Tätigkeit im Ausland
- Reguläre Arbeitszeiten
- Feiertage
- Urlaub
- Ausgleich von Mehraufwendungen (z.b. Umzugs- und Reisekosten, Unterkunft, Heimreisen)
- Reise- und Unfallversicherung
- Fortführung der betrieblichen Altersversorgung
- Bedingungen für die Rückkehr des Arbeitnehmers und Art der Weiterbeschäftigung in der Heimatgesellschaft
- Kostenübernahme bei vorzeitiger Rückkehr
- Rechtswahl und Gerichtsstand

Dauert die Tätigkeit im Ausland länger als einen Monat, muss die Zustimmung des Betriebsrats eingeholt werden. Bei einer Entsendung von bis zu einem Monat Dauer ist der Betriebsrat nur dann einzuschalten, wenn eine erhebliche Änderung der Arbeitsumstände vorliegt.

14.3.3 Begleitung des Mitarbeiters

Durch unterstützende Angebote von Unternehmensseite vor, während und nach dem Auslandseinsatz können dem entsandten Mitarbeiter die kritischen Übergänge erleichtert werden.

Vor der Entsendung

Ist ein geeigneter Mitarbeiter für den Auslandseinsatz gefunden, gilt es, diesen bereits im Vorfeld frühzeitig optimal vorzubereiten, um

14

den Übergang in das neue Arbeits- und Lebensumfeld möglichst reibungslos zu gestalten. Firmenintern sollten Kontakte zu den wesentlichen internen und externen Ansprechpartnern vermittelt werden. Ist ausreichend Zeit vorhanden, bietet es sich an, dass der zu entsendende Mitarbeiter sein neues Tätigkeitsfeld im Rahmen kürzerer Dienstreisen schon einmal nach und nach kennen lernen kann.

Interkulturelles Training

Wichtig ist auch festzustellen, welchen konkreten Entwicklungsbedarf der Mitarbeiter im Hinblick auf den Auslandseinsatz noch hat. Neben dem Aufbau von zusätzlichem Fachwissen sollten auch gezielte Sprachkurse und vor allem bei fremden Kulturkreisen interkulturelles Training in Erwägung gezogen werden, um den Mitarbeiter mit Sitten und Gebräuchen vertraut zu machen und ihm so die notwendige Sicherheit im gesellschaftlichen Umgang zu verschaffen.

Auch das private Umfeld des zu entsendenden Mitarbeiters sollte in den Überlegungen eine Rolle spielen. Hat der Mitarbeiter einen festen Lebenspartner oder Familie, stellt sich die Frage, ob diese Bezugspersonen ihn ins Ausland begleiten sollen. Da die familiäre Anbindung wichtigen Rückhalt bei der Eingewöhnung im Ausland gibt, bieten viele entsendende Unternehmen finanzielle oder organisatorische Unterstützung bei einer Übersiedlung der Familie an (z.B. durch Übernahme der Umzugs- und Maklerkosten, Vermittlung von Plätzen an deutschsprachigen Schulen oder Angebot von Sprachkursen für Familienmitglieder).

Begleitung im Ausland

Kulturschock

Mit Beginn der Tätigkeit im Ausland beginnt für den Mitarbeiter die Orientierungsphase im neuen unternehmerischen und privaten Umfeld. Ein typisches Phänomen während der Eingewöhnungsphase ist der so genannte Kulturschock. Der Begriff bezeichnet einer anfänglichen Euphorie folgende negative Gefühle und Ängste beim Zusammentreffen mit fremden Kulturen. Entscheidend für die schnelle Integration ist die Anbindung an soziale Netzwerke. Auf Unternehmensseite empfiehlt es sich, dem entsandten Mitarbeiter im neuen Firmenstandort einen festen Ansprechpartner zur Seite zu stellen, der geschäftliche interne und externe Kontakte vermittelt und bei der Einarbeitung behilflich sein kann (vgl. auch Kapitel 4). Nach Möglichkeit sollte hierbei der jeweilige Vorgänger einbezogen werden. Um den Aufbau privater Kontakte zu erleichtern, unterstützen viele Unternehmen gemeinsame Freizeitaktivitäten ihrer Entsandten an einem Standort oder initiieren die Organisation firmenübergreifender Expatriate-Netzwerke.

Häufig greifen entsendende Unternehmen zur Unterstützung ihrer im Ausland tätigen Mitarbeiter auf die Angebote von Dienstleistern zurück, die auf so genannte Relocation Services spezialisiert sind. Der Service reicht dabei von der Beratung in kulturellen und sprachlichen Fragen über die Unterstützung bei der Wohnungssuche, der Abwicklung von umzugsbedingten Formalitäten und Behördengängen, der Auswahl geeigneter Schulen für Kinder bis hin zu Maßnahmen zum Aufbau eines neuen sozialen Netzwerks am neuen Wohnort. *Relocation Services*

Ein wichtiger Faktor um, dem Gefühl der Isoliertheit am neuen Standort entgegenzuwirken, ist der Kontakt zum inländischen entsendenden Unternehmen. Eine regelmäßige Kommunikation kann beispielsweise über Newsletter oder Intranetseiten mit redaktionellen Beiträgen und Inhalten speziell für Expatriates erfolgen. Auch Video- und Telefonkonferenzen sind zielführende Möglichkeiten, den grenzübergreifenden Kontakt aufrecht zu erhalten. *Anbindung an den Heimatstandort*

Damit der Auslandseinsatz für den Mitarbeiter nicht auf dem Karriere-Abstellgleis endet, sollte er auch weiterhin in den regulären personalwirtschaftlichen Prozessen und Instrumenten wie Beförderungs- und Vergütungsrunden, Mitarbeitergesprächen, Zielvereinbarungen und der Entwicklungsplanung berücksichtigt werden. Indem der Mitarbeiter an den regelmäßigen Planungszyklen teilnimmt, wird die Reintegration nach Beendigung des Auslandseinsatzes erleichtert.

Wiedereingliederung am inländischen Standort

Analog zu den Punkten, die bei der Entsendung ins Ausland zu beachten sind, lässt sich auch die Rückkehr an den inländischen Standort planen und von Unternehmensseite unterstützend begleiten. Der Kulturschock bei der Rückkehr ist allerdings häufig größer

14

als während der Eingewöhnung im Ausland. Die Rückkehrer erwarten ein bekanntes Umfeld, stellen aber häufig fest, dass Ihnen die vermeintlich vertraute Umgebung zunächst sehr fremd und ungewohnt vorkommt.

Rückwärtiger Kulturschock

Dieser rückwärtige Kulturschock lässt sich mindern, wenn gegen Ende des Auslandseinsatzes Häufigkeit und Dauer von Aufenthalten im Heimatland erhöht werden. Weiterhin hilft es, frühzeitig die Personaleinsatzplanung für den Rückkehrer in Angriff zu nehmen und konkrete Absprachen im Hinblick auf die anstehenden Aufgaben und verantworteten Bereiche zu treffen. Wenn es gelingt, hierbei auch den erweiterten Kenntnissen und Kompetenzen des rückkehrenden Mitarbeiters Rechnung zu tragen, lassen sich die Arbeitsbedingungen im Rahmen der Wiedereingliederung optimal motivationsfördernd gestalten.

Hilfreiche Kontakte

Informationen zum Doppelbesteuerungs-abkommen	Informationen zur sozialen Absicherung	Informationen zur Rentenversicherung und zum Sozialver-sicherungsabkommen
Infocenter des Bundeszentralamts für Steuern	Deutsche Verbindungs-stelle Krankenversiche-rung - Ausland	Deutsche Rentenversicherung Bund
www.steuerliches-info-center.de	www.dvka.de	www.deutsche-rentenversicherung.de

Außerdem geben die Industrie- und Handelskammern weiterführende Auskünfte.

15 Feiern und Jubiläen im Arbeitsumfeld

Sie erfahren in diesem Kapitel,
- worauf es bei einer Rede auf einer Firmenfeier ankommt und
- wie Sie eine Rede vorbereiten und halten.

15.1 Überblick zum Vorgehen

In der folgenden Übersicht sind die wichtigsten Punkte zusammengefasst, die Sie für eine gelungene Rede oder Ansprache z. B. auf einer Firmenfeier beachten sollten. Weiterführende Hinweise und Tipps finden Sie nach dem englischen Teil in Kapitel 15.3.

Ziel der Rede (siehe auch Kapitel 15.3.1)	
Den Feiernden in den Vordergrund stellen und würdigen	
Rede bzw. Ansprache nutzen, um den Mitarbeiter zu loben	
Vorbereitung der Rede (siehe auch Kapitel 15.3.2)	
Vorlieben und Besonderheiten der zu ehrenden Person in Erfahrung bringen:	
• Was macht sie/ihn aus?	
• Welche besonderen Fähigkeiten/Erfolge zeichnen sie/ihn aus?	
• Gibt es private Aktivitäten, die angesprochen werden könnten?	
• Gibt es Besonderheiten des Jubiläums?	
Eine Rede halten (siehe auch Kapitel 15.3.3)	
Rede kurz, aber prägnant formulieren	
Persönliche Informationen über den zu Ehrenden aufgreifen	
Ggf. Anekdoten oder Zitate verwenden	
Für die Einladung und das schöne Ereignis bedanken	
Initiative nach der Rede an den zu Ehrenden abgeben	

Siehe CD-ROM

15.2 Vocabulary and dialogues

In Kapitel 15.2 finden Sie Arbeitshilfen für die Vorbereitung von Reden oder Ansprachen auf Unternehmensfeiern:

- eine Liste von nützlichen englischen Vokabeln, die Sie bei einer Rede oder Ansprache verwenden können
- zwei kurze englische Reden

Siehe CD-ROM

Die wichtigsten Vokabeln zu Kapitel 15	
altmodisch	old-fashioned
Anekdote	anecdote
Anerkennung	recognition
angenehmer Anlass	pleasant occasion
Anlass	occasion
Annalen	annals
Begebenheit	event, incident
beharrlich, hartnäckig	tenacious
Besonderheiten	characteristics, highlights
Charakterzug	character trait
Danke für die Einladung.	Thank you for the invitation.
Ehrentag	great day
ein frohes Neues Jahr	a Happy New Year
einzigartig	unique
Entschlossenheit	determination
Erfahrung	experience
Erfolge	achievements
Erheben Sie Ihre Gläser auf ...	Let's toast to ...
Erlebnis	experience
Fähigkeiten	abilities
Fertigkeiten	skills
Firmenjubiläum	company anniversary

Frohe Weihnacht	Merry Christmas, Season's Greetings
Geschichte	story
goldene/silberne Hochzeit	golden/silver anniversary
Herzlichen Glückwunsch	Congratulations!
Hobbys	hobbies
Interessen	interests
Jubilar	person celebrating an anniversary
Jubiläum	anniversary
Kenntnisse	knowledge
Lob	praise, encouragement, formal: commendation
Mitgefühl	compassion
Mut	courage
persönlich	personal
Rückblick	retrospect
Ruf	reputation
Trinkspruch, Toast	toast
Unternehmenszugehörigkeit	affiliation with the company
Vielen Dank!	Thank you very much. Thank you very much indeed.
Vorlieben	preferences
zitieren	to quote

Rede 1: Ehrung für lange Unternehmenszugehörigkeit

Siehe CD-ROM

Dear Rachel,

Dear colleagues,

In our company it is a good custom to say a few words on a pleasant occasion like this. Rachel, as your boss I am obliged to say something of course. But it is so much more than a task. It is a wonderful occasion to say those two words that you have heard so often from many people over the years: "Thank you!" Thank you for being with us for 25 years, now.

I remember one occasion in particular. It happened about 23 years ago, when we were running out of time with a very important project. You all remember the "Munich Miracle" as it later went down into the annals of this company. At that time we developed a new product. We had to: Our competitors were moving in the same direction. Of course, as the market leader we had to be the first. Rachel, you were only a junior team member but you made sure that we stayed on track and on time. You were tenacious and determined. You pushed for results and at times, when I as the project leader despaired, you even pushed me. And I am glad you did.

If I am allowed to mention one more character trait, I would like to say: compassion. As I said, you stood by your team when times were rough. And you even worked overtime when they had a personal situation which did not allow them to be as effective as they should have been. Each and every one of us here tonight knows that and has had that kind of support from you at some time in the past 25 years.

Compassion is also what guided you in your main hobby. Once a month you volunteer in a soup kitchen for homeless people. You spend time with the poorest of the poor and do so as naturally and gracefully as you work with all of us. Sometimes you seem to burn the candle at both ends. Yet I know: You have more than enough energy and you have a family that help you recharge your batteries.

So let me raise my glass and toast you, Rachel. As I said: Thank you! Thank you for putting in the extra effort because good has never been good enough for you. Thank you for being a trusted and liked co-worker. So: Thank you for being with us!

Rede 2: Rückblick auf das vergangene Geschäftsjahr

Siehe CD-ROM

Good evening everybody,

So, another year passed – and look how fast it has gone! As usual, I would like to say a few words. Trust me, I will be brief this year. I have had nothing to eat yet myself!

It was a year of excitement. In the first quarter we started out with a few problems. One of our major clients decided to take his business to a competitor and we struggled for two months to keep the business. We succeeded! Not least because each and everyone of you supported the sales team with their knowledge and skills, their expertise and their ideas. Thank you indeed for a job well done.

In the second quarter we went from depression to delight. We opened our new branch in Prague and we received a very warm welcome from clients there. The turnover was double of what we had expected, and again it was no small thanks to your input and engagement. As a matter of fact, I would like to mention Hannah in particular. As we all know she went there for almost three months making sure that production ran smoothly and clients got what they ordered when they needed it. Dealing with a lot of details, you managed to make it happen. How you found the time to meet your fiancé is a mystery to me. Thus, you at least received a special bonus from that trip ...

The third quarter saw us reversing to the danger zone as one of our shareholders sold his stocks to an investor who planned a hostile takeover. I am very glad to announce that this threat was finally dealt with. Two of our long-time shareholders increased their capital share. We are now secure from any threats.

The fourth and final quarter is not finished yet nor has it been evaluated. The numbers I have seen so far are very, very good indeed. But let me not only mention results. Karin, it was your determination that saved the day in November. Let me share a secret with you all tonight: Karin, I know you have a reputation for being creative and innovative. I agree. But in a way you showed yourself to be quite old-fashioned. C 2000 our new product came out too early! We had not done enough testing. It could have easily been the product from hell that rips holes into our customers' clothes.

Thanks to your diligence and determination, we admitted our mistakes before it was too late. You had the guts to speak your mind. You took some flak undeservedly and risked your career. Why? Because you felt it was the right thing to do. If that isn't old-fashioned leadership, then I don't know what is …

I could add some words about future challenges, but I will not. For two reasons: One is that our Chief Executive Officer will be with us in an hour or so, to do just that. And secondly: I am hungry as you all are. So, here is to an exciting and good year. Here is to you all who have made it possible. I am proud and honoured to have you in my team. I have enjoyed working with you and I am sure I am going to enjoy it as much next year.

15.3 Konkrete Anleitung zum Vorgehen

Nehmen Sie sich zurück

Wir alle kennen die peinliche Situation: Der Chef hält eine Ansprache und spricht nur von sich und seinen Leistungen, während doch sein Mitarbeiter herausgestellt und gewürdigt werden sollte. Gerade bei einer Rede zum Jubiläum kommt es darauf an, den Jubilar zu ehren, seine oder ihre Leistungen herauszustellen und – nicht zuletzt – die Anwesenden zu unterhalten.

15.3.1 Das Ziel einer Rede oder Ansprache

Das Ziel von Feiern und Jubiläen ist es, die Hauptperson hervorzuheben und zu ehren. Dementsprechend gilt es,
* Lob auszusprechen,
* besondere Leistungen zu würdigen und
* dem Mitarbeiter für seine Leistungen zu danken.

15.3.2 Eine Rede vorbereiten

Eine gelungene Rede erfordert etwas Vorbereitung. Je besser Sie sich vorbereitet haben, desto persönlicher und einzigartiger wird Ihre Rede werden.

Fragen können Ihnen hierbei wertvolle Dienste leisten, wie z. B.: „Was macht den zu ehrenden Mitarbeiter aus?" oder „Was hat er/sie bereits geleistet?" Die bisherigen Stationen der Karriere (nicht nur im aktuellen Unternehmen!) können wertvolle Hinweise geben. Durch die Frage nach den Hobbies des Mitarbeiters erhalten Sie Anregungen für ein passendes Geschenk.

Ihre Rede sollte persönliche Informationen über den Mitarbeiter aufgreifen und thematisieren. Nichts ist schlimmer als eine 08/15-Ansprache zu einem besonderen Ereignis. *Eine persönliche Rede halten*

Zusätzlich zu den persönlichen Vorbereitungen können Sie natürlich noch passende Zitate oder Anekdoten verwenden. Recherchieren Sie im Internet oder nutzen Sie spezialisierte Zitatesammlungen. Um persönliche Geschichten in Erfahrung zu bringen, kann es zieldienlich sein, enge Kollegen zu befragen.

Falls es keine öffentliche Feier gibt, sollten Sie natürlich ein persönliches Gespräch mit dem zu ehrenden Mitarbeiter führen. Stellen Sie hierbei die positiven Aspekte heraus und danken Sie für die Zusammenarbeit. *Mitarbeitergespräch*

15.3.3 Eine persönliche Rede halten

Wenn Sie auf einer Feier eine Rede oder Ansprache halten müssen, sollten Sie sich an die goldene Regel halten: Keep it short and simple! Nichts ist unangenehmer, als eine Führungskraft, die sich gerne reden hört, während die Anwesenden hungrig auf die Eröffnung des Buffets warten.

Ein weiterer Stolperstein ist das „Anbiedern" an den Mitarbeiter, der geehrt werden soll. Falls Sie einen eher autoritären Führungsstil pflegen und mit Ihren Mitarbeitern distanziert umgehen, wird eine zu persönliche Rede Ihre Mitarbeiter irritieren und Ihnen wahrscheinlich keine Sympathie einbringen. Achten Sie darauf, eine konsequente Linie zu verfolgen.

Nachdem Sie den Mitarbeiter geehrt und ihm für die Zusammenarbeit gedankt haben, übergeben Sie die Initiative am besten dem zu Ehrenden. Geben Sie ihm bzw. ihr die Gelegenheit, ein paar Worte zu sagen.

15

16 Smalltalk gehört auch zum Geschäft

Diese Kapitel beschreibt die goldene Regel des Smalltalks: Sprechen Sie über das, was den anderen interessiert, weniger darüber, was Sie selbst interessiert. Daneben erhalten Sie Anregungen, welche Themen sich für den Smalltalk eignen, und eine Liste von Themen, über die man besser schweigen sollte.

16.1 Überblick zum Vorgehen

In der folgenden Übersicht finden Sie hilfreiche Tipps und passende Themen für einen gelungenen Smalltalk. Weiterführende Informationen und Hinweise finden Sie nach dem englischen Teil in Kapitel 16.3.

Siehe CD-ROM

Tipps für den gelungenen Smalltalk (siehe auch Kapitel 16.3.1)	
Vorbereitung bei wichtigen Gesprächspartnern: Lieblingsthemen und Hobbies in Erfahrung bringen	
Besser ein „flacher" Einstieg in den Smalltalk als gar kein Gespräch	
Auf Besonderheiten des Gesprächspartners achten und diese aufgreifen	
Offene Fragen an den Gesprächspartner stellen und ihn sprechen lassen	
Mögliche Smalltalk-Themen (siehe auch Kapitel 16.3.2)	
Land, Wohnort, Stadt(-viertel), Straße	
Familienstand und (Anzahl der) Kinder	
Beruf, Tätigkeit, Studium, Ausbildung	
Hobbys, Sport, Freizeitbeschäftigung	
Urlaub, Reisen	

Wetter	
Haustiere und Tiere allgemein	
Kunst, Kultur, Filme	
Speisen und Getränke	
Diese Themen gehören nicht in den Smalltalk (siehe auch Kapitel 16.3.2)	
Politik	
Religion	
Krankheiten	
Kritik am Essen, den Gastgebern oder deren kulturellen Gebräuchen	
Bei ausländischen Gesprächspartnern: Negative Aspekte ihres Heimatlandes	
Ehe- oder Partnerschaftsprobleme	
Geld und Geschäfte	
Sexualität (auch in Form von Witzen)	

16.2 Vocabulary and dialogues

In Kapitel 16.2 finden Sie Vokabeln und Formulierungshilfen für den Smalltalk in englischer Sprache:

- eine Liste mit englischen Vokabeln, die häufig im Smalltalk verwendet werden
- ein Beispiel für einen Smalltalk in englischer Sprache

Die CD-ROM enthält eine umfangreiche Sammlung von Textbausteinen und Redewendungen zu allen Kommunikationssituationen im Bereich Smalltalk und Networking.

Siehe CD-ROM

Passende Vokabeln für den Smalltalk	
Anbahnung einer Zusammenarbeit	initiation of a cooperation
Architektur	architecture
Beziehungsanbahnung	initiation of a relationship
Büroausstattung	office equipment

16

Büroeinrichtung	office furniture and equipment
Erinnerungsstücke	memorabilia
Familienleben	family life
Filme	films, movies
Freundlichkeit	friendliness, kindness
gegenseitig	mutual
Gegenseitigkeit	reciprocity
Gesprächsebene	level of the dialogue
harmonisches Verhältnis	rapport
Höflichkeit	politeness
jdm. kennen lernen	to get to know someone, to become acquainted
Kleidung	clothing
Kunst	art
Manieren	manners
Mode	fashion
Nachfrage (in einem Gespräch)	inquiry, enquiry
oberflächlich	superficial
Plakette	sticker
Repertoire	repertoire
Sammlung	collection
Sport	sports
Stichwort	cue
Thema	topic (not: theme)
Umgangsformen	social graces
Wandern	hiking
Zeitfenster	slot
zweisprachig	bilingual

In dem folgenden Beispiel führen Sean, Carlijn und Marc ein entspanntes Gespräch, in dem typische Smalltalk-Themen ausgetauscht werden. Das Gespräch könnte zum Beispiel am Rande einer Konferenz, während einer Firmenfeier oder auf einer Party stattfinden. Sie finden in diesem lockeren Wortwechsel zahlreiche englische Vokabeln und Redewendungen, wie sie typischerweise im Smalltalk verwendet werden.

Vielleicht sind Ihnen bestimmte Ausdrücke oder Redewendungen aus dem Dialogbeispiel unbekannt. Dann hilft Ihnen die Vokabelliste.

Beispieldialog: Smalltalk auf einer Firmenfeier

Sean: Hello. I'm Sean. Sean Mahoney. It's a pleasure to meet you.

Carlijn: Hello Sean. I'm Carlijn Veenstra. Nice to meet you too. How are you?

Sean: Very well, thank you. And you?

Carlijn: Great. Let me introduce my colleague Marc Dechmann.

Marc: Good morning. It's an honour to meet you, sir.

Sean: The pleasure is mine – and please call me Sean. How was your trip?

Marc: Thank you. It was quite uneventful. A good flight, on time and we had breakfast on the plane.

Sean: Excellent. Would you like some tea or coffee?

Carlijn: Coffee for me please.

Marc: I'd prefer some of that famous English tea, if I may.

Sean: Certainly. I will also get some water and juice. Just a moment, please.

(...)

Sean: Here you are.

Carlijn: Thanks a lot.

Marc: Thank you, Sean I have seen this sticker over there. So you are a golfer?

Sean: Yes, indeed I am. Have been for some years now, as a matter of fact. Even before it was fashionable ...

Carlijn: Has the sport changed much since it became a mass event?

Sean: Oh, yes, it has. Nowadays it is so much more crowded on the green. It sometimes takes a week to reserve a slot. But it also has its positive side-effects: There are a lot more courses around the country where I can play. And they are often in beautiful places. Do you have any hobbies, Marc?

Marc: I like films, especially Star Trek. The Vulcans, the Klingons and all that.

Carlijn: I didn't know that. Great! Do you also like fantasy or historic movies?

Marc: Well, that depends. "Pirate of the Caribbean" was wonderful, but some other productions are not as exciting.

Sean: What about you, Carlijn? Do you watch movies?

Carlijn: I am afraid I will confirm a cliché: I like romantic movies. Especially Bollywood films from India.

Sean: Yes, they are what is called in German "große Gefühle". "Larger than life", I guess we would say.

Marc: I'm surprised. Do you speak German?

Sean: Yes, a little. That's my wife's doing. She is German. From Cologne.

Marc: Ah, I see. What about children? Do you have children?

Sean: Yes, two. A boy of 10 and a girl of 8. And you?

Marc: I am married but no children.

Carlijn: I am married with one child. We raise her bilingually because my husband is French.

Sean: Very good. We do the same.

Marc: Two languages – isn't that confusing for children?

Carlijn: No, not at all. You have to have clear and strict rules, though.

Sean: That's true. For example: My wife speaks German with them – always and only. No exception. That makes it easier for them to switch, doesn't it?

Carlijn: Indeed it does. Same for our daughter. Anyway. Would you two like to swap last weekend's football results while I go down the hall for a moment? I understand you are both fans ...

Sean: Are you, Marc? Which club is your favourite?

Marc: HSV. I am originally from Hamburg. So it's a family tradition.

Sean: I see. I watch all the games of Newcastle United – if and when I can. So how was last weekend?

Marc: It was ok. The first part of the season wasn't very good but it seems to get much better now.

Sean: That's good to hear. The same here. Newcastle is not one of the top clubs at the moment. but they are still very good. Ah, there you are again, Carlijn. Do you like sports at all?

Carlijn: Yes, but not as a spectator. Actually I run marathons – at least once a year.

Sean: Wow! That's quite an achievement. You must be very tenacious. I will have to be careful in our negotiations, then.

Carlijn: Well, so far I have run the 26 miles – or 42.195 kilometres – in Hamburg and Berlin. London is on my agenda for next year. I hope you are right about our talks: I will not give up until we have found the best solution for your situation.

Sean: That seems to be the cue. Shall we talk about your offer, then?

Carlijn: Gladly. Could I ask you Marc to start with your presentation of the technical details?

Marc: Of course. Right, then ...

16.3 Konkrete Anleitung zum Vorgehen

Smalltalk sollte vor allem Spaß machen – allen Beteiligten. Er sollte auf eine gute Zusammenarbeit einstimmen und für den eigentlichen Geschäftsinhalt „anwärmen". Wichtiger als einzelne Formulierungen ist aber die dahinter stehende Haltung: Wer Smalltalk als lästige Pflicht betrachtet, wird auch mit einer ausgefeilten Technik keine Leichtigkeit erzielen. Wer sich hingegen tatsächlich für die Vorlieben seines Gegenübers interessiert, kann punkten.

16.3.1 So beginnen Sie den Smalltalk

Viele Menschen empfinden Smalltalk als stressig, weil sie glauben, sie müssten etwas Interessantes zu sagen haben, um angemessen plaudern zu können. Die Kunst besteht allerdings häufig gerade darin, den Anderen sprechen zu lassen oder zum Sprechen zu bringen. Die einfachste Technik, um dieses Ziel zu erreichen, besteht darin, Fragen zu stellen.

Offene und geschlossene Fragen

Offene Fragen sind besonders geeignet, um den Gesprächspartner zum Sprechen zu bringen und seine Interessen kennenzulernen:

16

227

Beispiele für offene Fragen im Smalltalk

- What kind of sports do you like?
- What do you do in your spare time?
- What kind of hobbies do you have?
- What is your favourite drink?
- Which music do you prefer?
- Which kind of food do you like?
- How was your last vacation?
- How was your trip?
- When have you started to play golf?
- When do you plan to go on your next vacation?
- How often do you go to the theatre?
- Where did you study?
- Which company did you work for ?

Auch vereinzelte geschlossene Fragen können belebend auf ein Gespräch wirken, wenn Sie zunächst testen wollen, ob ein Thema überhaupt interessant und gewünscht ist:

Beispiele für geschlossene Fragen im Smalltalk

- Have you ever done a parachute jump?
- Have you ever been to Germany before?
- Are you married?
- Do you like films?
- Do you enjoy watching football/soccer?
- Do you have any children?

Besser ein „flacher" Einstieg als gar kein Gespräch

Viele Smalltalker haben sich im Laufe der Zeit ein gewisses Repertoire an Themen für das „kleine Gespräch" angeeignet. So spricht man gerne über das Wetter, die furchtbare Verkehrssituation oder den aktuellen Kantinenspeiseplan, um die Kommunikation aufzunehmen. Auch wenn Sie der Auffassung sind, dass dies oberflächliche Themen sind, bedenken Sie dennoch: der Einstieg in ein Gespräch und der Zweck heiligt ja bekanntermaßen die Mittel. Falls Sie sich in Ihrem Smalltalk-Verhalten jedoch von der breiten Masse abheben möchten, so sollten Sie etwas näher hinschauen.

Achten Sie auf Besonderheiten Ihres Gesprächspartners

Für wichtige Gesprächspartner lohnt es sich, den Smalltalk vorzubereiten und genau hinzuschauen: Das Äußere des Gesprächspartners kann ebenso wie Besonderheiten seiner Büroausstattung wertvolle Hinweise auf Vorlieben, Hobbys oder die Familiensituation liefern. Fotos der Familie geben Aufschluss darüber, ob es Kinder gibt, Bilder von besonderen Hobbys liefern ebenfalls wertvolle Gesprächsthemen. Auch besondere Einrichtungsgegenstände können Aufschluss darüber geben, ob der Gesprächspartner kunst- oder architekturinteressiert ist. Selbst wenn Sie von diesen Themen nicht viel verstehen – eine interessierte Nachfrage lohnt sich immer und kommt bei Ihrem Gesprächspartner gut an.

> **Beispiel:**
>
> Bei einem Erstgespräch mit einem potentiellen Kunden ist mir einmal ein Foto aufgefallen, das offensichtlich beim Bergsteigen entstanden war und meinen Gesprächspartner zeigte. Auf die Fotografie angesprochen, schwelgte mein potentieller Kunde in Erinnerungen einer besonderen Bergetappe und wir unterhielten uns ca. 20 Minuten über sein Hobby; der Verkauf im Anschluss war eher Nebensache.

> **Tipp:**
>
> Achten Sie auf Besonderheiten Ihres Gesprächspartners: Trägt er eine außergewöhnliche Uhr? Bietet das Büro einen tollen Ausblick? Diese Kleinigkeiten können sich als besonders für Ihr Gegenüber herausstellen über die er sehr gerne spricht.

Es lohnt sich natürlich auch im Vorfeld, Informationen über die Lieblingsthemen des Gesprächspartners einzuholen. Je nach Wichtigkeit des Gegenübers kann dies sogar dazu führen, dass Sie sich etwas in die Materie einarbeiten. Ein fußballbegeisterter Chef wird sich wahrscheinlich nicht gut mit einem Mitarbeiter verstehen, der gar keine Ahnung von der Bundesliga hat. In diesem Fall kostet es Sie wenig, sich die Tabelle vom Wochenende anzuschauen oder sich sogar das Spiel der Lieblingsmannschaft anzuschauen. Sie werden

Arbeiten Sie sich in die Lieblingsthemen ein!

16

sehen, dass der Einstieg in „harte" Businessthemen viel einfacher über einen leichten Smalltalk gelingt.

Beachten Sie beim Smalltalk zwei goldene Regeln:

1. Biedern Sie sich nicht an! Falls bekannt ist, dass Sie sich z. B. überhaupt nicht für Fußball interessieren, kann ein Wandel vom Saulus zum Paulus sehr irritieren.
2. Fragen Sie interessiert nach, aber führen Sie kein Verhör mit Ihrem Gesprächspartner! Wenn Sie körpersprachliche Signale erhalten, dass dieses Thema nicht vertieft werden sollte, leiten Sie unbedingt zu einem anderen über.

Fazit

Achten Sie auf Besonderheiten beim Gesprächspartner, greifen Sie diese interessiert auf und versuchen Sie nicht, Ihre Meinung dem anderen aufzudrängen.

16.3.2 Welche Themen eignen sich für den Smalltalk?

Die folgende Aufzählung soll Ihnen einige Themen an die Hand geben, die man in einem Smalltalk ansprechen kann.

Passende Smalltalk-Themen

- Land, Wohnort, Stadt(-viertel), Straße
- Familienstand und (Anzahl der) Kinder
- Beruf, Tätigkeit, Studium, Ausbildung
- Hobbys, Sport, Freizeitbeschäftigung
- Urlaub, Reisen
- Wetter
- Haustiere und Tiere allgemein
- Kunst, Kultur, Filme
- Speisen und Getränke

Diese Themen sollten Sie nicht ansprechen

Nogos im Smalltalk

Sie haben nun erfahren, welche Themen man gefahrlos im Smalltalk ansprechen kann. Mindestens ebenso wichtig sind so genannte Nogos im Smalltalk, also Themen, über die man lieber schweigen sollte. Der Smalltalk soll dem Gesprächseinstieg und der Auflockerung der

Gesprächssituation dienen. Dies kann natürlich nicht gelingen, wenn einer der Gesprächspartner sich unwohl oder angegriffen fühlt. Gefahr hierfür besteht immer dann, wenn eigene Werte bedroht werden und sich einer der Gesprächspartner angegriffen fühlt. Einem überzeugten Katholik würde es schwer fallen, unbeteiligt zuzuhören, wie man den Papst kritisiert.

Gesprächsthemen, die Unbehagen auslösen (Krankheiten, Probleme), eignen sich grundsätzlich nicht für den Smalltalk. Die folgende Aufzählung zeigt Themen, die Sie besser vermeiden sollten.

Unpassende Smalltalk-Themen

- Politik
- Religion
- Krankheiten
- Kritik am Essen, den Gastgebern oder deren kulturellen Gebräuchen
- Ehe- oder Partnerschaftsprobleme
- Geld und Geschäfte
- Sexualität (auch in Form von Witzen)

Umgang mit internationalen Gesprächspartnern

Im Smalltalk mit ausländischen Gesprächspartnern sollten Sie nicht auf negative Aspekte ihres Heimatlandes zu sprechen kommen.

Viele empfinden es als amüsant, einen Italiener mit der Bemerkung anzusprechen, in Italien regiere doch überall die Mafia. Diese Art von Scherzen sollte natürlich tabu sein. Falls Sie z. B. das amerikanische Sozialsystem mit kritischen Augen sehen, dürfen Sie höchstens nachfragen, wie es wirklich funktioniert, um Ihr Interesse zu zeigen.

17 Kondolenzgespräche sensibel führen

Dieses Kapitel bietet Ihnen
- Informationen über die Phasen der Verarbeitung von Verlusten,
- einen Vorschlag, wie Sie ein Trauergespräch aufbauen sowie
- ein Musterdialog für den konstruktiven Umgang mit Trauersituationen.

17.1 Überblick zum Vorgehen

Hier erfahren Sie übersichtlich zusammengefasst, wie Sie ein Kondolenzgespräch mit Empathie führen. Weiterführende Informationen und Tipps finden Sie nach dem englischen Teil in Kapitel 17.3.

Siehe CD-ROM

Ziel eines Kondolenzgesprächs (siehe auch Kapitel 17.3.1)	
Beileid aussprechen	
Hilfe anbieten	
Ggf. die Aufgabenerledigung sicher stellen	
Vorbereitung (siehe auch Kapitel 17.3.2)	
Schätzen Sie Ihren Mitarbeiter mithilfe der 4 Trauerphasen ein:	
Phase 1: Nicht-wahr haben wollen	
Phase 2: Aufbrechen chaotischer Emotionen	
Phase 3: Suchen, sich finden, sich trennen	
Phase 4: Phase des neuen Selbst- und Weltbezugs	

Gesprächsablauf (siehe auch Kapitel 17.3.3)	
Gesprächsziele ansprechen	
„Drängende" Fragen nach dem Befinden des Mitarbeiters vermeiden	
Unterstützung anbieten	
Gesprächsabschluss	
Unterstützungsangebot an den Mitarbeiter wiederholen	
Vereinbarungen von Ihrem Mitarbeiter resümieren lassen	

17.2 Vocabulary and dialogues

In Kapitel 17.2 finden Sie Arbeitshilfen in englischer Sprache für die Vorbereitung eines Kondolenzgesprächs:

* eine Liste mit englischen Vokabeln, die Sie für ein Trauergespräch benötigen
* ein Beispiel für ein Kondolenzgespräch
* ein Muster-Kondolenzschreiben in englischer Sprache

Siehe CD-ROM

Die wichtigsten Vokabeln zu Kapitel 17	
ablenken	to distract
Alleinsein	privacy
Alleinsein, Einsamkeit	loneliness
angeheiratet, angeheirateter Verwandter	in-law
Anlass	occasion
Anteil nehmen	to commiserate
Aufbrechen chaotischer Emotionen	eruption of random emotions
Aufgabenerledigung sicherstellen	to secure the handling of tasks
Aufgabenverteilung	task allocation
Beerdigung	funeral

Beileid (aussprechen)	to offer someone one's condolences
bewegt, gerührt, emotional	emotional
drängen	to urge, to push
Ehepartner, Gatte, Gattin,	spouse
einfühlsam	sensitive
Erinnerung	memory
Erinnerung	remembrance
Euphemismus	euphemism
gefühlsgeladen	emotive
gefühlsmäßiger Aufruhr	emotional upheaval
Hilfe anbieten	to offer help, to offer succor
jemanden beurlauben	to grant someone leave of absence
Kondolenz	condolence
kondolieren	to condole
Krankheit	illness, disease
mit etwas zurecht kommen	come to grips with something
nach dem Befinden fragen	to enquire about someone
Nachruf, Todesanzeige	obituary
Nahestehender, Freund, Familienmitglied	loved ones
Neuausrichtung, Umorientierung	reorientation
es nicht wahrhaben wollen	to deny
(falsche) Scham	(false) shame
scheu	timid
Schmerz	pain
schonen	to spare
Schuld	guilt
Sozialkontakt	social contacts
sterben	to decease, to perish, to die

sterben, dahinscheiden	to pass away
suchen – sich finden – trennen	to search – to discover – to separate
Tod, Todesfall, Sterbefall	death
Todesumstände	circumstances of the death
Tränen	tears
Trauer(-phasen)	phases of mourning
Trotz	defiance
unterstützen	to support, to help, to assist
unwirklich	unreal
verabschieden	to bid farewell
verbalisieren, in Worten ausdrücken	to verbalise
verdrängen	repress
verleugnen	deny
Verleugnung	denial
Verlust	bereavement
Vertretung	stand in
Wut	anger

Der folgende Beispieldialog zeigt ein Kondolenzgespräch, das die Fachbereichsleiterin Susan Delloway mit Ihrem Mitarbeiter Bob Mizer führt. Das Gespräch enthält alle wichtigen Bestandteile eines Kondolenzgesprächs.

Wenn Ihnen einzelne Ausdrücke oder Redewendungen aus dem Dialogbeispiel unbekannt sind, hilft Ihnen die Vokabelliste.

Beispieldialog: So machen Sie es richtig

Susan: Hello Bob. I would like to express my condolences. I am sure the whole department feels with you for your loss.

Bob: Thank you.

Susan: Let me also offer my support and assistance during this difficult time. Perhaps we could sit down briefly to arrange things?

Bob: Sure, I'd appreciate that.

Susan: Very good. Please take a seat. Can I offer you something – coffee, tea, water?

Bob: Coffee would be good. Thank you.

Susan: First, let me ask you: How you are feeling?

Bob: Actually, I am ok – under the circumstances. It is still a very acute loss of course. I mean we were married for over 25 years ...

Susan: I am sure you must have a lot of very good memories.

Bob: Oh yes, certainly. And I think I am already beginning to focus on that rather than on the loss. During the last couple of months the effects of her illness were very much in the foreground, of course. It seemed such a tragedy her wasting away like that.

Susan: Oh, yes it was. It is a difficult time. Coming to grips, mourning, adjusting ... As I said, is there anything at the moment that I can help you with? Do you need some time away? Are there specific tasks that we would need to give to someone else?

Bob: Well. I think there is, yes. I would like to have a week off, if that is possible. That would be part of my annual holiday.

Susan: Actually, I think that is not necessary. As you know, you have worked a lot of overtime. Although you used some of that in recent months, there is still enough left for a week off. When would you like to start that week? Right away, perhaps?

Bob: As a matter of fact, yes. There are some things to settle and I would also like to leave town for a couple of days. You know, just to get away from it all.

Susan: Right. That is absolutely no problem. The rest of the team will take over your responsibilities for that time. Could we just check whether there is any information that you need to pass on to us? Is there any work in progress? Any talks with clients we need to know about? Any deadlines to meet during that time or right after your week off?

Bob: I can't think of anything pressing like that. Let me go through my files for an hour, check my emails and my desk. I will distribute the tasks amongst the team, if that is ok.

Susan: Perfect. I have assigned Mary to be your stand-in during your absence. I think she has the necessary qualifications and the experience to deal with anything that might come up.

Bob: Oh yes, absolutely. We cover each other's areas of responsibility also during normal vacation times.

Susan: Very good, then. Take care of yourself. And I am looking forward to seeing you rested and refreshed. If there is anything else, please call me.

Bob: I will – and thank you.

Muster: Letter of Condolence (Kondolenzschreiben)

Siehe CD-ROM

Dear John,

Hearing about your terrible loss this morning, I wanted to send you my sympathy and condolences right away.

I am very sorry for you that you have to go through a difficult time like this. I am also to send condolences and special wishes from everybody in the team. They are as shocked as I am and they have told me to express their support for you.

Of course in a time like this it is good to have a large family to turn to for help and assistance. If there is anything that we can do, however, we are most willing to do so. You would but have to ask ...

Knowing you, let me also say that I urge you not to worry about any of the tasks here. I have assigned Judy as your stand-in. She will take care of business very well, as you know.

You have, of course, a leave of absence for the duration of three weeks.

Best wishes,

(signature)

17.3 Konkrete Anleitung zum Vorgehen

Wie gehen Sie mit der eigenen Trauer um?

Was macht Trauergespräche so schwierig? Der Umgang mit Trauer und Verlust bedeutet eine besondere Herausforderung: Zum einen möchten Sie einfühlsam auf den Gesprächspartner eingehen, zum anderen werden Sie aber auch selbst mit Trauer und Verlustangst konfrontiert. Deswegen ist es für Trauergespräche besonders wichtig, sein eigenes Verhältnis zum Tod zu kennen und gegebenenfalls zu bearbeiten, bevor man ein hilfreicher Gesprächspartner sein kein.

Gesprächsziel

Wie bei allen Mitarbeitergesprächen, ist es auch beim Trauergespräch wesentlich, sich vorab über das Gesprächsziel Gedanken zu machen. Auf diese Weise erhalten Sie selbst die notwendige Sicherheit für das schwierige Gespräch.

17.3.1 Ziel eines Kondolenzgesprächs

Das Ziel des Trauergesprächs hängt von den näheren Umständen des Trauerfalls ab. Wenn Ihr Mitarbeiter einen nahen Angehörigen verloren hat, stehen zwei Ziele im Vordergrund:

- Beileid aussprechen
- Hilfe anbieten

Es gibt unter Umständen ein weiteres Managementziel, das Sie verfolgen müssen, nämlich das Aufrechterhalten der Aufgabenerledigung im Team. Menschen gehen unterschiedlich mit dem Verlust eines geliebten Menschen um: Manche stürzen sich sofort wieder in die Arbeit, um sich wirkungsvoll abzulenken und die Phasen des Alleinseins zu verkürzen. Andere wiederum ziehen sich zurück und versuchen den Verlust allein zu verarbeiten. Dies kann zu längeren Fehlzeiten führen.

Die Aufgaben müssen erledigt werden

Da Sie nicht wissen können, wie Ihr Mitarbeiter mit dem Verlust umgehen wird, sollten Sie frühzeitig planen, wie die anfallenden Aufgaben im Team gegebenenfalls umverteilt werden könnten.

Es kann zu Fehlzeiten kommen

17.3.2 Ein Kondolenzgespräch vorbereiten

Für Vorbereitung des Kondolenzgesprächs sind die folgenden Hinweise zum Trauerprozess hilfreich.

Vier Phasen der Trauer

Der Trauerprozess folgt in der Regel einem bestimmten Schema, den Trauerphasen. Im Folgenden werden die Trauerphasen näher beschrieben. So sind Sie in der Lage festzustellen, welche Phase Ihr Mitarbeiter in seinem individuellen Trauerprozess gerade durchläuft.

Phase 1: Nicht-wahr-haben-wollen

In dieser Phase wird der Tod der geliebten Person verleugnet. Die Realität wird als unwirklich wahrgenommen, die betroffen Personen erleben sich wie in Trance. Oftmals verharren die Trauernden in einer Art Selbstverlorenheit und Passivität. Diese Phase kann Stunden, Tage oder Wochen andauern. Wichtig für den Betroffenen ist

17

es nun, wirklich zu realisieren, was geschehen ist. Hierfür muss man sich von dem Verstorbenen verabschieden und über seine Emotionen sprechen. Das Verbalisieren von Emotionen ist ein wesentlicher Schritt für den Beginn der Trauerarbeit.

Phase 2: Aufbrechen chaotischer Emotionen

Nachdem Emotionen in der ersten Phase oftmals verdrängt werden, treten sie nun teilweise dramatisch und uneindeutig auf: Gefühle wie Trauer, Wut, Schmerz, aber auch Schuldgefühle und Scham können sich abwechseln.

Phase 3: Suchen, sich finden und sich trennen

Das gemeinsame Leben mit dem Verstorbenen wird mental nochmals durchlebt. Am Schluss dieser Phase steht das Einverständnis des Trauernden mit dem Verlust.

Phase 4: Phase des neuen Selbst- und Weltbezugs

Während sich die Trauernden in den ersten drei Phasen oftmals soziale Kontakte gemieden haben, sind sie nun bereit, wieder auf andere Menschen zuzugehen. Der Schmerz und die Trauer nehmen ab.

17.3.3 Ein Kondolenzgespräch führen

Ansprechen des Gesprächsziels

Da der Mitarbeiter vermutlich emotional unter einer starken Anspannung leidet, sollte der Gesprächsinhalt sofort kommuniziert werden.

> **Beispiel:**
> „Herr Meier, ich möchte Ihnen gerne mein Beileid aussprechen und Ihnen Unterstützung anbieten. Hätten Sie Zeit für ein kurzes Gespräch?"

Im Unterschied zu der Vorgehensweise bei den übrigen Mitarbeitergesprächen, sollten Sie im Kondolenzgespräch nicht vertieft nachzufragen. Achten Sie im Gespräch darauf, ob und wie weit sich der Mitarbeiter öffnen möchte. Tabu sollten Fragen sein, die die Umstände des Todes einschließen oder generell oberflächliche Generalisierungen darstellen. „Wie konnte dies nur passieren?" oder „Er war doch noch so jung!", nötigen den Trauernden, das belastende Ereignis zu beschreiben und so möglicherweise auch erneut zu erleben.

Stattdessen können Sie nach dem Befinden des Mitarbeiters fragen   Hilfe anbieten
und Hilfe anbieten.

Beispiel:

„Herr Meier, ich möchte Sie fragen, wie es Ihnen geht, und Sie wissen lassen, dass ich Sie gerne unterstützen möchte. Gibt es etwas, womit ich Ihnen im Moment helfen kann?"

Wenn sich der Mitarbeiter hier öffnet und um Unterstützung bittet,   Neugierde
so sollten natürlich alle Möglichkeiten zur Realisierung geprüft wer-   ist nicht
den. Beziehen Sie im Fall einer zeitweisen Neuverteilung der Aufga-   empathisch
ben unbedingt das gesamte Team mit ein. Dies wird sicherlich gerne
einen Beitrag leisten, um den Kollegen zu unterstützen.
Je nach verstrichener Zeit nach dem Verlust kann sich der Trauern-
de natürlich auch verzweifelt und resigniert zeigen. Bitte stellen Sie
sich auch darauf ein, dass es zu Tränen kommt. In dieser Situation
muss nicht viel geredet werden. Zeigen Sie stattdessen, dass Sie An-
teil nehmen und lassen den Mitarbeiter wieder zur Ruhe kommen.
Überlassen Sie ihm, ob er das Gespräch fortsetzen oder sich eher
zurückziehen möchte.

Gesprächsabschluss

Bieten Sie Ihrem Mitarbeiter nochmals Ihre Unterstützung an und
betonen Sie, dass er Sie jederzeit ansprechen kann.

Stichwortverzeichnis

Die Autoren

 **Thomas Augspurger** ist Diplom-Psychologe und systemischer Prozessberater. Er war in Konzernunternehmen als Personal- und Organisationsentwickler tätig. Seit 2005 arbeitet er als selbstständiger Trainer, Berater und Coach mit den Schwerpunkten Teammoderation, Führungskräfteentwicklung und konstruktive Kommunikation.

 **Schimon Grossmann**, in Israel geboren und zweisprachig aufgewachsen, arbeitet als Englisch-Sprachtrainer in zahlreichen akademischen Einrichtungen und für Unternehmen. Er nutzt im Unterricht Elemente des Improvisationstheaters und vermittelt so einen ebenso spielerischen wie effizienten Zugang zur englischen Sprache.

 **Lothar Gutjahr** war mehrere Jahre in den USA und in Großbritannien tätig. Er ist seit 1996 selbstständiger Mediator, Qualitätsauditor und Coach für Führungskräfte. Als Geschäftsführer von *Gutjahr & Partner* begleitet er internationale Teams und leitet Projekte als Manager auf Zeit.

 **Daniel Schumann** ist Diplom-Psychologe und war im Recruiting bei einer Topmanagement-Beratung tätig, bevor er in die Führungskräfteentwicklung im Finanzsektor wechselte. Seine Schwerpunkte liegen in den Bereichen Eignungsdiagnostik, Führungspsychologie und Organisationsberatung.

Fragen an die Autoren senden Sie bitte an den Verlag unter online@haufe.de.